中公新書 2500

中公新書編集部編

日本史の論点

邪馬台国から象徴天皇制まで

中央公論新社刊

目次――日本史の論点

第1章　古　代

倉本一宏

3

第2章　中　世

今谷明

51

第3章 近 世

大石 学

89

第4章　近　代

清水唯一朗

133

鎌倉時代は「いい国つくろう」の一一九二年に始まる、という時代区分がもはや主流ではないように、日本史の研究は日々蓄積され塗り替えられています。いま注目されている論点は何か、そしてどこまで解明されているのか――。

本書は、古代（倉本一宏・国際日本文化研究センター教授）、中世（今谷明・帝京大学特任教授）、近世（大石学・東京学芸大学教授）、近代（清水唯一朗・慶應義塾大学教授）、現代（宮城大蔵・上智大学教授）、それぞれの時代を専門とする研究者に、学界で注目されている最新テーマから歴史ファンが関心をもつ謎まで、二九の論点で解きほぐしていただきました。日本史をめぐる多様な議論を通じ、歴史の面白さが伝われば幸いです。

また、巻末には「日本史をつかむための百冊」として、五人の執筆者が精選した各時代の必読書のリストを掲載しました。日本史をさらに深く楽しむためのブックガイドとして活用ください。

二〇一八年八月

中公新書編集部

日本史の論点

邪馬台国から象徴天皇制まで

凡例

明治五年まで、和暦と西暦とは約一ヵ月のずれがあるが、年月は和暦をもとにしている。たとえば平治元年十二月九日は、西暦では一一六〇年一月十九日となるが、一一五九（平治元）年十二月九日としている。また改元した年は、その年の初めから新しい元号とした。史料の引用に際しては、適宜読みやすく改めた。

第1章 古代

倉本一宏

箸墓古墳（読売新聞社）

古代 関連年表

3世紀初頭　纏向遺跡出現
3世紀前半　「邪馬台国」、魏に朝貢
3世紀後半　箸墓古墳築造
4世紀後半～5世紀前半　佐紀古墳群築造
4世紀末～5世紀初頭　倭王権、朝鮮半島に軍事介入
5世紀　倭の五王、中国南朝に朝貢。百舌鳥・古市古墳群築造
6世紀初頭　継体が大王位継承。今城塚古墳築造
6世紀前半　欽明が大王位継承、大王家成立
600（推古8）　第1次遣隋使。その後、推古朝の政治改革実施
607（推古15）　第2次遣隋使、倭国大王を「天子」と自称
645（大化元）　乙巳の変、「大化改新」開始
663（天智2）　白村江の戦い
670（天智9）　庚午年籍作成
672（天武元）　壬申の乱
689（持統3）　飛鳥浄御原令施行
701（大宝元）　大宝律令完成
710（和銅3）　平城京遷都
723（養老7）　三世一身法
743（天平15）　墾田永年私財法
764（天平宝字8）　恵美押勝の乱
769（神護景雲3）　宇佐八幡神託事件（「道鏡事件」）
781（天応元）　桓武天皇即位
794（延暦13）　平安京遷都
858（天安2）　藤原良房、事実上の摂政に
891（寛平3）～10世紀初頭　寛平・延喜の国政改革
930（延長8）　藤原忠平、摂政就任。摂関政治開始
939（天慶2）～941（天慶4）　平将門の乱、藤原純友の乱（「天慶の乱」）
1018（寛仁2）　藤原道長三女威子立后、「この世をば」
1028（長元元）～1031（長元3）　平忠常の乱
1052（永承7）　藤原頼通、平等院創建
1068（治暦4）　後三条天皇即位。摂関政治終焉
1086（応徳3）　白河上皇、院政開始

列島の形成から六世紀までの概要

論点の議論に入る前に、まず古代の概要を述べておきたい。やや駆け足の記述になっているので、各論点を読んだ後でまとめとしてお読みいただくのでもよいだろう。

更新世《こうしんせい》末に気候が温暖化した結果、海面が上昇して縄文海進《じょうもんかいしん》が起こり、日本列島は大陸からほどよい距離に切り離された。これによって、大陸や朝鮮半島の勢力からの侵攻を受けることも、日本列島の権力が海外に侵攻することも、ほとんどなくなったのである。

紀元前五世紀初め頃、水田稲作農耕が、中国の山東《さんとう》半島から朝鮮半島に伝わり、さらに北部九州に伝わった。渡来者と縄文人とは混血を繰り返しながら、短期間で水田稲作を西日本に広め、やがて東日本のほとんどを含む日本列島が水田稲作を受容するようになった。

まず北部九州において、特定の拠点集落が大型化を見せて卓越し、弥生中期中葉には、各小平野・盆地ごとに一つずつ巨大環濠《かんごう》集落（「国」）を形成するようになった。

しかし、中国では一八四年に起こった黄巾《こうきん》の乱によって後漢《ごかん》中央政府が消滅し、朝鮮半島南部に対する楽浪郡《らくろう》の支配力が弱体化すると、鉄資源や威信財の供給ルートが混乱し、東アジアの政治秩序が動揺した。後漢王朝の権威を背景としていた倭《わ》国王の権威も弱体化した。

これらの混乱や戦いの過程から、北部九州・吉備《きび》・出雲《いずも》・畿内・東海といった諸地域に、より広域な「国」をまとめたブロック単位の統合が生まれた。そのうちの一つが北部九州を中心とした倭国《わこく》連合であり、その宗教的権威である卑弥呼《ひめみこ》が居住したのが邪馬台国《やまとこく》である（→論点1）。そしてその頃、奈良盆地東南部の纏向《まきむく》遺跡を王宮として、倭王権《わおうけん》が西日本各地の権力と同盟関係を築いていた。その表象が前方後円墳《ぜんぽうこうえんふん》である（→論点2）。

朝鮮半島では、三一三年、高句麗《こうくり》が漢の置いた楽浪郡を滅ぼした。半島南半においても政治的統合が行われ、百済《ひゃくさい》と新羅《しんら》が成立した（半島南部の加耶《かや》は小国が分立したままであった）。

そして、高句麗と百済が抗争を続けるという半島情勢のなか、倭王権は加耶の鉄資源を確保するため、百済からの出兵要請に応じ、朝鮮半島に軍事介入した。泰和《たいわ》（太和）四年（三六九）に作られた七支刀《しちしとう》は、百済の出兵要請のしるしとして倭国に贈られたものである。

倭は辛卯《しんぼう》年（三九一）に海を渡って新羅の王城を占拠したものの、四〇〇年に高句麗の騎兵に退けられた。四〇四年にも倭は帯方《たいほう》界に侵入したが、高句麗軍と戦って潰敗《かいはい》した。

五世紀を通じて、倭は中国南朝の宋《そう》への遣使を行い、宋の冊封《さくほう》体制に組み込まれ、将軍号の叙爵《じょしゃく》を受けることによって、朝鮮半島における軍事活動の正当性を獲得しようとした。

倭の五王の最後の武《ぶ》（雄略《ゆうりゃく》）が死去してからの大王位継承については、不明確な部分が多い。おそらくは雄略の死後、空位を経て、男大迹《おおど》王が即位したのであろう（継体《けいたい》）。前王統の手白香《たしらか》王女との婚姻《こんいん》により、倭王権への婿《むこ》入りという形で即位したものと思われる。

列島各地の王権の動揺は、六世紀前半に、蘇我《そが》氏の勢力を背景にした欽明《きんめい》が即位するまで続いた。蘇我稲目《いなめ》は大臣《オホマヘツキミ》という職位に就き、合議体を主宰《しゅさい》した。この頃までに氏《ウヂ》という政治組織と、姓《カバネ》という族姓表象が成立し、倭王権の支配者層が再編成された（→**論点2**）。

一方、倭王権は朝鮮半島から渡来した人々を宮廷工房的な伴《トモ》として部《べ》に再編した。これらの伴は、伴造《トモノミヤツコ》の統率の下、王権に上番してそれぞれの職務に従事した。地方では国造《クニノミヤツコ》制が順次設定され、地方支配の直接的な拠点として、直轄領であるミヤケを設定していった。

中国では、北朝から興った隋《ずい》が、五八九年、実質四〇〇年ぶりに統一王朝を現出させた。隋は五九八年以降、四次にわたって高句麗へ大軍を派遣した。

五九四年に新羅が隋から冊封を受けると、倭国は新羅に出兵することができなくなり、遣隋使を発遣した。六〇〇年の第一次遣隋使は、文帝《ぶんてい》に政治制度が道理にかなっていないことを指弾され、改めることを命じられて、空しく帰国した。

小墾田《おはりだ》宮造営や冠位十二階、十七条憲法などの政治改革は、この第一次遣隋使の帰国後、六〇七年に派遣された第二次遣隋使との間に行われた。

六〇七年に派遣された第二次遣隋使は、国書のなかで倭国の大王を「天子」と自称した。そして隋から冊封を受けることなく、朝鮮諸国に対する優位性を隋に認められた。

「大化改新」から奈良時代までの概要

中国では、六一八年に隋が滅び、唐《とう》が勃《おこ》った。一方、百済では六四一年、義慈《ぎじ》王がクーデターによって権力を掌握した。高句麗では六四二年、泉蓋蘇文《せんがいそぶん》が国王と大臣以下を惨殺し、新羅領を窺《うかが》った。新羅は唐に救援を求めたが、唐による女王交代の提案の採否をめぐって、六四七年に内乱状態となった。唐は六四四年から高句麗征討に乗り出した。

大王皇極《こうぎょく》の代には、蘇我入鹿《いるか》が父の大臣蝦夷《えみし》を凌《しの》ぐ勢威を有していた。入鹿は、権臣《ごんしん》個人が専制権力を振るうという、高句麗と同じ方式の権力集中を目指していた。一方、唐から帰国した留学生《るがくしょう》や留学僧から、最新の統治技術を学んだ者のなかからは、国家体制を整備し、官僚制的な中央集権国家を建設して、権力集中を図ろうとする動きが興った。

中臣鎌足《なかとみのかまたり》と中大兄《なかのおおえ》王子は、六四五年、入鹿を謀殺した。翌日、蝦夷は自殺し、蘇我氏本《ほん》宗《そう》家は滅亡した（乙巳《いっし》の変）。東国《とうごく》への使者の発遣（東国国司《とうごくこくし》）、旧俗改正、新冠位制の制定、天下立評《てんかりっぴょう》など一連の政治改革を「大化改新《たいかのかいしん》」と呼ぶ（→論点3）。

朝鮮半島では、六五五年、高句麗と百済が連合して、新羅に侵攻した。新羅は唐に救援を求め、唐は六六〇年、まず百済に出兵し、これを滅ぼした。しかし、百済の遺臣たちは百済の復興に立ち上がった。大王斉明《さいめい》（皇極が重祚《ちょうそ》したもの）と中大兄は、倭国の力で百済を復興しようと百済救援の大軍を派遣したが、六六三年、白村江《はくそんこう》をはじめとする各地で大敗した。

大王天智《てんじ》は、六七〇年に最初の全国的な戸籍である庚午年籍《こうごねんじゃく》を作成したが、その結果、地方豪族の不満は高まっていった。この間、唐・新羅連合軍は六六八年に高句麗を滅ぼしたものの、半島支配をめぐって対立し、六七〇年からは戦争状態に入った。

天智が六七一年に死去すると、翌六七二年に壬申《じんしん》の乱が起こった。これは天智の同母弟で大王位継承者とされていた大海人《おおしあま》王子と、天智の長子の大友《おおとも》王子との間に起こった大王位継承争いである。近江大津宮《おうみおおつ》は陥落し、大友は自殺して乱は決着した。

大海人は、六七三年に飛鳥浄御原宮《あすかきよみはら》で即位した（天武《てんむ》天皇）。天武は律令体制国家の早急な建設を目指した。六八一年には律令《りつりょう》の制定に着手し、国史《こくし》の編纂《へんさん》が開始された。わが国最初の条坊《じょうぼう》を持った都城である藤原《ふじわら》京の建設にも着手していた。

後を継いだ持統《じとう》天皇は六八九年に飛鳥浄御原令を施行し、一戸から一人の兵士を徴発することを定め、全国的な班田収授《はんでんしゅうじゅ》を始めた。六九四年には藤原京に遷都した。

持統は、六九七年に天皇位を孫の軽《かる》王に譲ったが（文武《もんむ》天皇）、その後も太上天皇《だいじょうてんのう》として政治の実権を握った。文武の即位後、持統と藤原不比等《ふひと》の主導の下、新たな律令の編纂が進められ、大宝《たいほう》元年（七〇一）、律・令ともに具わった大宝律令が完成した。

律令体制の建設自体が、激動の北東アジア世界に対応するために軍事国家を作るための権力集中の一環だったわけであるが、当時の倭国（および日本）の国力や社会の成熟度から考えると、無理のある制度であった。しかも、すでに対外戦争の危機は消滅していたのである。

この時期に頻発した災害や飢饉《ききん》によって、律令制の運用は早くも大きな岐路を迎えたが、不比等のとった政策は、平城《へいじょう》京への遷都であった。和銅《わどう》三年（七一〇）三月、平城京への遷都が行われた。不比等は和銅七年（七一四）に文武皇子の首《おびと》皇子（後の聖武《しょうむ》天皇。母は不比等一女の宮子《みやこ》）を立太子させ、これと三女の安宿媛《あすかべ》（後の光明子《こうみょうし》）を結婚させている。

不比等は養老《ようろう》四年（七二〇）に死去し、太政官首班となったのは長屋《ながや》王であった。しかし、天平《てんぴょう》元年（七二九）、長屋王は「謀反《むへん》」の嫌疑によって、不比等の四子によって葬られた。四子は議政官に並び立ち、不比等一男の武智麻呂《むちまろ》が右大臣となった。

しかし、四子は天平九年（七三七）に天然痘《てんねんとう》によってすべて死去し、光明子の異父兄である橘 諸兄《たちばなのもろえ》の政権が誕生した。天平 勝宝《てんぴょうしょうほう》元年（七四九）には光明子が産んだ阿倍《あべ》内親王が即位したが（孝謙《こうけん》天皇）、未婚の女帝の誕生は、政治の混迷の元となった。

天平宝字《てんぴょうほうじ》元年（七五七）には諸兄の子である奈良麻呂《ならまろ》の「謀反」が弾圧され、仲麻呂《なかまろ》（武智麻呂二男）政権が誕生した。仲麻呂（恵美押勝《えみのおしかつ》）は淳仁《じゅんにん》天皇を擁立して独裁権力を確立したが、孝謙太上天皇と淳仁との対立によって戦乱を起こし、滅亡した。重祚した孝謙（称徳《しょうとく》天皇）は道鏡《どうきょう》を重用し、これに皇位を譲ろうとした。しかし、貴族層の反発によってそれは失敗し、称徳は後継者を決定しないまま死去した（→論点４）。藤原氏は称徳の遺詔《いしょう》を偽作し、天智の孫で聖武皇女の井上《いのうえ》内親王と結婚していた白壁王《しらかべ》を擁立した（光仁《こうにん》天皇）。しかし、井上内親王と所生の他戸《おさべ》皇太子は呪詛《じゅそ》の疑いで廃され、百済系の母を持つ山部《やまべ》親王が皇太子に立てられた（後の桓武《かんむ》天皇）。

平安時代の概要

即位した桓武は、帝国の再編に挑み、新都の造営と蝦夷《えみし》の征討に腐心したが、廃した皇太弟・早良《さわら》親王の怨霊《おんりょう》に悩まされることとなった。早良に代わって即位した桓武嫡流の平城《へいぜい》天皇は、積極的な国政改革に取り組んだが、貴族層の意識とは乖離していた。平城は皇位を同母弟の神野《かみの》親王（嵯峨《さが》天皇）に譲った平城は、平城旧宮に居住し、平城還都を号令したが、嵯峨に拒絶され、拘束されて出家させられた。こうして平安京が「万代宮《よろずよのみや》」としての帝都の地位を確立した。この間の過程で、嵯峨の蔵人頭《くろうどのとう》となった冬嗣《ふゆつぐ》をはじめとする藤原北家の優位が確定した。嵯峨は皇太弟に大伴《おおとも》親王（後の淳和《じゅんな》天皇）を立てた。

皇位は嵯峨皇統（仁明《にんみょう》天皇）と淳和皇統（恒貞《つねさだ》親王）の迭立《てつりつ》状態が続くかに見えたが、嵯峨が死去すると承和《じょうわ》の変が起こり、恒貞皇太子が廃されて仁明皇子の道康《みちやす》親王（冬嗣女順《じゅん》子《し》所生、後の文徳《もんとく》天皇）が皇太子に立てられた。

嘉祥《かしょう》三年（八五〇）に道康皇太子が践祚《せんそ》し、藤原良房《よしふさ》は生後八箇月の惟仁《これひと》親王（良房女明《めい》子《し》所生、後の清和《せいわ》天皇）を皇太子に立てた。そして文徳が死去すると、九歳の幼帝清和が誕生した。良房は外祖父として天皇大権を代行し、実質上の摂政《せっしょう》の役割を果たした。

清和の後宮に入内《じゅだい》した藤原基経《もとつね》（良房養子）妹の高子《こうし》は、貞明《さだあきら》親王（後の陽成《ようぜい》天皇）を産んだ。陽成は九歳で即位したが、その八年後に基経は陽成を退位させ、代わりに仁明皇子で二世代も遡《さかのぼ》る五十五歳の時康《ときやす》親王を擁立した（光孝《こうこう》天皇）。

仁和《にんな》三年（八八七）、光孝は臣籍に降下させていた源定省《みなもとのさだみ》を親王に復して皇太子とした。定省親王は践祚し、宇多《うだ》天皇となった。宇多と基経は対立を続けたが、基経が死去すると、宇多は菅原道真《すがわらのみちざね》や藤原時平《ときひら》を重用して国政改革に乗りだした。宇多を嗣《つ》いだ醍醐《だいご》天皇は道真を左遷《させん》し、時平、後には忠平《ただひら》を用いて、新しい国家体制を完成させた（→論点5）。

延長《えんちょう》八年（九三〇）、醍醐天皇は死去した。醍醐皇子で穏子《おんし》（藤原基経女）所生の寛明《ゆたあきら》親王が八歳で即位し（朱雀《すざく》天皇）、藤原忠平が摂政に補された。これ以降を摂関期と称する。

この後、朱雀同母弟の村上《むらかみ》天皇、冷泉《れいぜい》天皇（藤原師輔《もろすけ》女安子《あんし》所生）、冷泉同母弟の円融《えんゆう》天皇が即位し、冷泉系と円融系の迭立状態が続いた。一方では藤原師輔男の伊尹《これまさ》・兼通《かねみち》・兼家《かねいえ》の政権抗争が激化した。

この抗争に終止符を打ったのは、二五年に及ぶ在位を重ねた円融皇子の一条《いちじょう》天皇（兼家女詮子《せんし》所生）と、その間、政権を担当した藤原道長《みちなが》（兼家五男）であった。道長は全国の富を集積し、三代の天皇の外戚《がいせき》となって、摂関政治と王朝文化の最盛期を現出させた。

道長の後を継いだのは、一男の頼通《よりみち》であった。しかし、頼通は天皇家に入内させる女に恵まれず、入内させた養女にも皇子の誕生はなかった。頼通の時代には、これまでの王朝《おうちょう》国家の支配体制は行きづまりを見せていたが、時代の変換に精一杯、対応してはいた。

治暦《じりゃく》四年（一〇六八）に藤原氏を外戚としない後三条《ごさんじょう》天皇が即位すると、摂関家の権力はきわめて制限され、摂関政治は終焉《しゅうえん》を迎えた。後三条は東宮貞仁《さだひと》親王に譲位し（白河《しらかわ》天皇）、親王実仁《さねひと》（藤原道長と対抗した三条《さんじょう》天皇の血を引く皇子）を新東宮に立てた。後三条は白河に、実仁が即位した後に実仁同母弟の輔仁《すけひと》を皇太弟とするよう遺言したが、白河は皇位に坐りつづけた。実仁が死去すると、応徳三年（一〇八六）に善仁《たるひと》親王（村上源氏の賢子《けんし》所生）を皇太子に立て、その日のうちに皇太子に譲位した（堀河《ほりかわ》天皇）。そして八歳の堀河の大権を代行するため、白河上皇が院政を始めた。

こうして日本は、自力救済（＝暴力）を旨とする中世を迎えることとなったのである（↓論点6）。

◉論点1　邪馬台国はどこにあったのか

「邪馬台国」は倭国唯一の権力ではない

二世紀末から三世紀初頭にかけての倭国《わこく》は、外交的混乱の時代を迎えていた。これらの混乱の過程から、北部九州、出雲《いずも》、吉備《きび》、畿内、東海といった列島各地に、より広域のクニ(「国」)をまとめた連合体が成立してきた。ここでふれる「邪馬台国《やまとこく》」もその一つである。

邪馬台国が描かれているのは、『三国志《さんごくし》』魏書《ぎしょ》の「烏桓《うがん》・鮮卑《せんぴ》・東夷《とうい》伝」倭人条、いわゆる『魏志倭人伝《ぎしわじんでん》』である。「倭国大乱」の後に、「乃《すなわ》ち共に一女子を立てて王と為す。名を卑弥呼《ひめみこ》と曰《い》ふ」とある。

なお、邪馬台国は「やまたいこく」と読まれることが多いが、現在の奈良県、福岡県、熊本県をはじめ全国に「やまと」(大和、山門、山戸、山都など)という地名があるとおり、「邪馬台」も普通名詞として「やまと」と読むのが適切である。また、卑弥呼は通常、「ひみこ」と読まれるが、「ひめみこ(女王・姫命など)」という尊称が「卑弥呼」と表記されたと考えられる。本来は尊称の前に固有名詞があったはずだが、それは伝わっていない。

さて、邪馬台国といえば九州説か畿内説かという所在地をめぐる議論がさかんだった。近年では、後に述べる最初の王宮である纏向《まきむく》遺跡の発掘調査の進展、また最初の倭王権盟主墳である箸墓《はしはか》古墳の年代を卑弥呼の次の世代くらいに遡《さかのぼ》らせるようになったことによって、畿内説が優勢となってきている。

だが、所在論のみに議論を集中させるのは、あまり生産的なことではない。そもそも邪馬台国が当時の日本列島における最有力の権力、ましてや唯一の権力であるという前提を疑ってみる必要がある。邪馬台国というのは、三国に分かれた中国の魏王朝と外交関係を持ったことが『魏志倭人伝』という中国史料に残されているにすぎない。

実は、日本列島と最も関係が深いのは三国のうち呉《ご》が支配していた江南地方である。稲作は江南地方から朝鮮半島を経由して伝来したし、呉の年号を刻された銘文をもつ鏡が鳥居原《とりいばら》狐塚《きつねづか》古墳（山梨県）、安倉高塚《あくらたかつか》古墳（兵庫県）、上狛《かみこま》古墳（京都府）などで出土している。だが、『三国志』は魏王朝を正統としており、魏書のみに本紀《ほんぎ》と夷狄《いてき》列伝が置かれている。呉の外交記録は散逸して『三国志』には定着しなかった可能性が高い。編者の陳寿《ちんじゅ》が呉と敵対する立場にあったとすれば（渡邉、二〇一二）、なおさらである。

つまり、魏に朝貢したのが北部九州の倭国連合（邪馬台国を盟主とする連合体）で、それとは別個の権力体が呉に朝貢していた可能性も存在する。それはその頃すでに畿内に成立していた倭王権と考えたい。この点は後述する。

倭国連合の実態

次に倭国連合の政治体制について述べたい。『魏志倭人伝』が倭国の実態をある程度正確に伝えているとすれば、邪馬台国は「女王の都する所」と書かれているだけで、倭国連合のなかですら最有力だったとは読み取れない。

注目したいのは伊都《いと》国（福岡県糸島《いとしま》市）である。おそらく「倭国大乱」以前に倭国連合の盟主だった国で、女王共立以後も邪馬台国以外ではただ一国だけ王を戴くことを認められていた。また、魏との外交を担当して下賜品を分配したほか、伊都国に置かれた「一大率《いちだいそつ》」は諸国の検察を行うという政治的・軍事的優位性を保持していた。

一方、邪馬台国の女王卑弥呼については、「鬼道《きどう》を事とし、能《よ》く衆を惑《まど》はす。……男弟有り、佐《たす》けて国を治む」とあるように、邪馬台国のなかでも俗権力と遠い、宗教的なシャーマンにすぎない。

つまり、邪馬台国を盟主とする倭国連合は、伊都国が俗権力を代表し、邪馬台国が聖権力を代表するという形で成立したと考えられる。

纏向は邪馬台国の遺跡なのか

先ほど、邪馬台国を盟主とする倭国連合は北部九州にあったと書いたが、ここで近年の考古学の成果をもとに少し考えてみたい。

畿内説で有力な候補地とされる奈良県桜井市の纏向遺跡は、それ以前は何もなかった無人の地に三世紀初頭に突如出現し、約一〇〇年間経営されて消えていった遺跡である。直径一・五～二キロメートルという非常に大きな規模を持ち、最古の巨大前方後円墳である箸墓古墳（墳丘長二八〇メートル程度）がこの遺跡のなかに造られている。地理的には、西に対しては初瀬《はつせ》川から大和川を下ると大阪湾に出て、瀬戸内海を経て朝鮮半島や中国へのルートが開け、東に対しては伊勢から東国に出る交通の要として、東国支配に有利な地にある。初瀬川と遺跡の中心部分、そして箸墓古墳を結ぶ、幅六～八メートルもある大運河（纏向大溝《おおみぞ》）も造られた。実際、纏向では全国各地の大量の土器が出土しており、物流の中心であったことを示している。

一方、『魏志倭人伝』が「宮室・楼観・城柵厳《おごそ》かに設け」と描くように、邪馬台国は物見《ものみ》櫓《やぐら》（「楼観」）をもち、環濠《かんごう》（「城柵」）で守られているという。吉野《よしの》ヶ里《がり》遺跡（佐賀県神埼《かんざき》市・吉野ヶ里町）に象徴的に可視化されるような環濠集落と考えられ、運河で全国各地や朝鮮・中国に対しても開かれていた纏向遺跡とはまったく性格が異なる。

そもそも、纏向遺跡が邪馬台国だとすると、この巨大遺跡が三世紀になって突然出現した意味が解けない。それまで卑弥呼たちが別の場所に居住し、集団で纏向に移住したと考えるのは無理がある。

なお、考古学の成果というと、三角縁神獣鏡《さんかくぶちしんじゅうきょう》がよく話題になる。魏が下賜した「銅鏡百枚」ではないかというのだ。日本各地の古墳から同笵鏡《どうはんきょう》（同じ鋳型から鋳造された鏡）が出土することから、かつては邪馬台国の後継の「ヤマト政権」が各地の豪族に与えたとの説もあった。だが、三角縁神獣鏡はこれまでに出土しているだけでも五〇〇面以上と大量生産品であり、二級品にすぎない。当時の一級品とされた方格規矩鏡《ほうかくききくきょう》や内行花文鏡《ないこうかもんきょう》などの所在をこそ考えるべきだろう。実際、黒塚古墳《くろつか》（奈良県天理市）では、被葬者の頭部付近には画文帯神獣鏡《がもんたいしんじゅうきょう》が置かれ、三三面出土した三角縁神獣鏡は棺外に配置されていた。

『魏志倭人伝』に書かれた距離をどう読むか

邪馬台国の所在をめぐって議論となる『魏志倭人伝』の距離記載についても触れておきたい。魏の帯方郡《たいほう》（韓国ソウル付近か）からの「万二千余里」という里程は、まれに使者が来るほどの遠い地域を表しているにすぎないとの解釈もある（渡邉、二〇一二）。だが多少なりとも事実を伝えているとするならば、一万二千余里から、帯方郡から伊都国までの距離を引

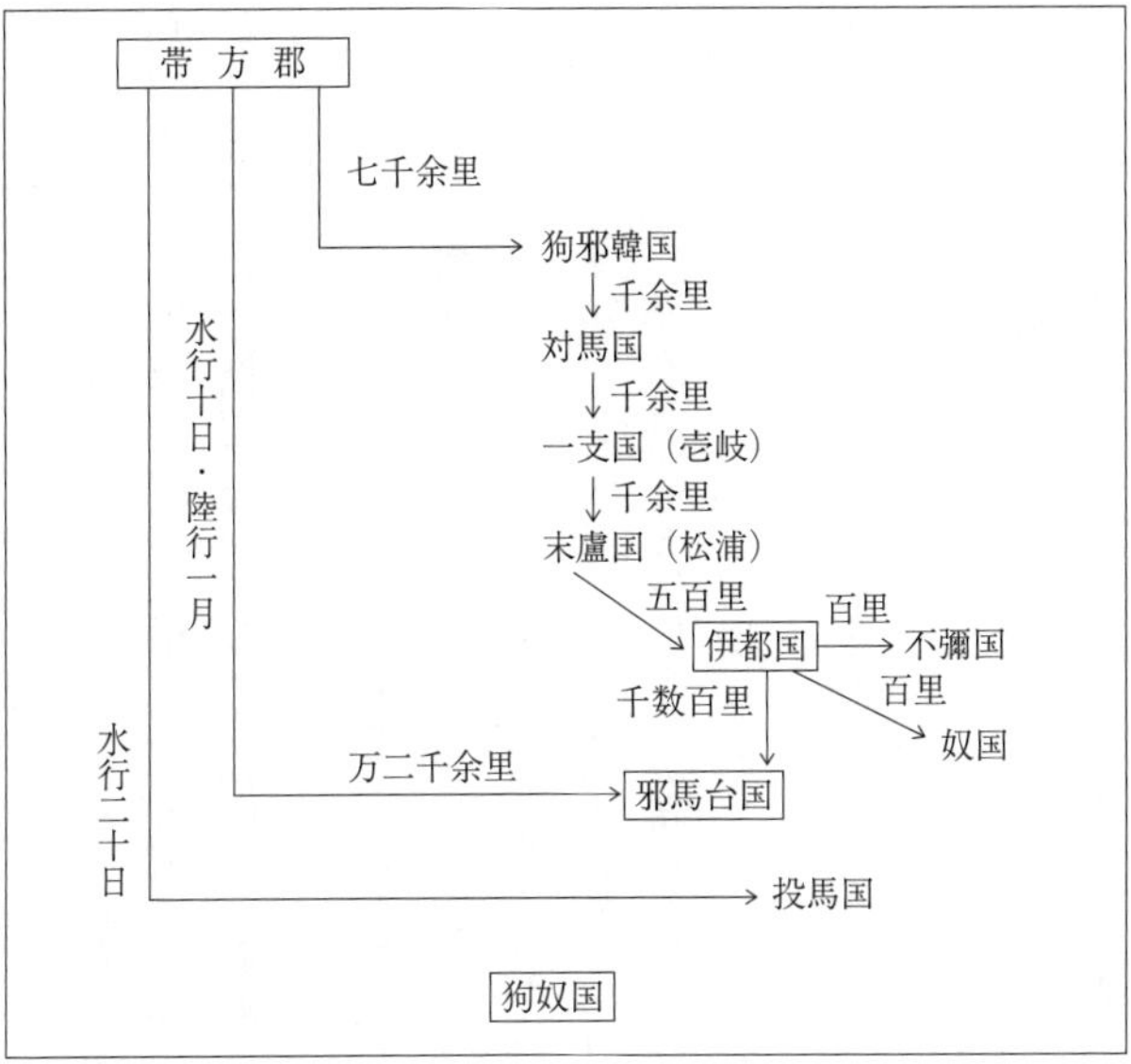

邪馬台国里程図（私案）

き算すると、邪馬台国は伊都国の南千数百里になる。他の国同士の距離を考えると、これはせいぜい数十キロメートル程度、筑紫《つくし》平野南部のどこかに落ち着く。『魏志倭人伝』は、邪馬台国は伊都国の少し南に所在すると認識していたのである。

また、「南」に「水行十日、陸行一月」という旅程について、かつては伊都国を起点とすると解釈する説があり、また方角や日数を無理やり読み替えるなどした結果、さまざまな説が生まれた。だが、この里程記事を素直に読むかぎりでは帯方郡から邪馬台国までの旅程と考えればよく、筑紫平野で問題はないだろう。

つまり、日本列島各地に多様な政治勢力が存在し、大和盆地には纏向を王宮とし、日本列島の中心的な権力である倭王権、北部九州には邪馬台国を盟主とする地方政権の倭国連合が併存していた。倭国連合の中心が伊都国、宗教的な聖地が邪馬台国であって、その宗教的な権威が卑弥呼だったと考えたい。

ところで、私は福岡県の陽咩《やめ》・妻《やめ》（八女《やめ》市）あるいは山門（みやま市）という地名に注目している。磐井《いわい》の乱（五二七年）や藤原広嗣《ふじわらのひろつぐ》の乱（七四〇年）といった九州で起こった内乱の経緯、白村江《はくそんこう》の戦い（六六三年）で派遣された人々の出自などから、現在の久留米《くるめ》市、八女市、みやま市近辺が筑紫の中心だったと考えられる。この地域で環濠集落遺跡が発見されれば、そここそが邪馬台国の可能性が高いのではないだろうか。

◉論点2　大王はどこまでたどれるか

前方後円墳の登場

論点1でも述べたように、三世紀に入ると日本列島各地に複数の政治勢力が成立した。そのうち最有力で全国的な性格を持っていたのが、大和盆地の纒向遺跡を王宮とする初期倭王権である。「大王はどこまでたどれるか」という論点は、「初期倭王権の王墓はどこに造られたのか」という問いに置き換えることができる。

初期倭王権の王墓として注目すべきは定型形前方後円墳である。三世紀後半に築造された箸墓古墳に先立ち、纒向では三世紀初頭から半ばにかけて「纒向型前方後円墳」が出現している（寺沢、二〇〇八）。石塚《いしづか》古墳、勝山《かつやま》古墳、矢塚《やづか》古墳、ホケノ山《やま》古墳などである。いずれも箸墓より小さい墳丘長九〇〜一〇〇メートル程度で、前方部が小さく帆立貝のような形状をしているため、かつては帆立貝形古墳とも呼ばれていた。

纒向型前方後円墳が突然巨大化したのが箸墓古墳で、その後四世紀中頃にかけて、大和盆地東南部には西殿塚《にしとのづか》古墳（天理市）、桜井茶臼山《さくらいちゃうすやま》古墳（桜井市）、メスリ山《やま》古墳（同）、行燈山《あんどんやま》古墳（天理市）、渋谷向山《しぶたにむかいやま》古墳（同）と一連の巨大前方後円墳が造営された。

箸墓以降の前方後円墳は、前方部が発達した前方後円形という墳丘、竪穴式石室のなかに割竹形木棺を入れるという埋葬施設、大量の鏡・鉄製武器・玉類という副葬品（弥生時代の段階では北部九州にのみ見られ、近畿地方では見られなかった風習である）、葺石《ふきいし》・埴輪《はにわ》という外表施設などに強い画一性・統一性を有していた。これらの諸特徴は、吉備・山陰・播磨《はりま》・北部九州・近畿など、西日本諸地域の弥生墳丘墓の特徴を統合したものである。

つまり、前方後円墳は大和盆地で独自に発達したのではなく、西日本各地の葬制を組み合わせて巨大化したものである。となると、前方後円墳の成立の背後には、大和勢力を盟主とする畿内および周辺諸部族、瀬戸内海沿岸諸部族、北東九州および山陰の諸部族の政治的・祭祀《さいし》的結集の形成を想定すべきだろう（近藤、一九八三）。

この政治的・祭祀的結集こそ、倭王権の成立と考えるべきである。とくに、箸墓と相似形で規模を縮小した出現期古墳が全国に存在することは、倭王権の盟主と地方豪族とのあいだに政治連合関係が結ばれ、同祖同族意識を共有するに至ったことを強く示唆するものである。前方後円墳には吉備の特徴が非常に強く出ており、また筑紫《つくし》にはそれほど巨大な前方後円墳がないことから、初期倭王権は大和と吉備を主体とする連合と考えられる。

考古学が明らかにした王権の変遷

近年、考古学研究が進展した結果、古墳の前後関係を示す相対年代だけでなく、絶対年代についても研究者間で差異が小さくなりつつある。そして、それぞれの時期で最大規模の古墳が初期倭王権の盟主墳と考えられるようになった（白石、一九九九）。三世紀後半の箸墓に始まり、西殿塚、桜井茶臼山、メスリ山、そして四世紀中頃の行燈山、渋谷向山に至る六基は大和盆地東南部に集中しており、盟主墳の可能性が高い。

その後、四世紀中頃から五世紀初めにかけて、巨大古墳は大和盆地の北端（現在の奈良市）に造られるようになった。佐紀《さき》古墳群と呼ばれているが、そのうちの佐紀《さき》陵山《みささぎやま》古墳、宝来山《ほうらいさん》古墳、佐紀石塚山《さきいしづかやま》古墳、五社神《ごさし》古墳、あるいはヒシアゲ古墳は、倭王権盟主墳と考えられる。

五世紀になると巨大古墳は大阪平野に移り、河内《かわち》の古市《ふるいち》古墳群（仲《なか》ツ山《やま》古墳〔藤井寺《ふじいでら》市〕、誉田御廟山《こんだごびょうやま》古墳〔羽曳野《はびきの》市〕など）、和泉《いずみ》の百舌鳥《もず》古墳群（上石津《かみいしづ》ミサンザイ古墳〔堺市〕、大仙《だいせん》陵《りょう》古墳〔同〕など）に分かれ、それぞれに巨大前方後円墳が数基ずつ営まれている。これはいわゆる倭の五王の時代の倭王権盟主墳である。

以上のように盟主墳の場所が移動したことをどう考えればよいのか。王権が交替したことの反映との説もあるが、私は盟主墳の場所と権力の中心は別のものと考えている。特に、五世紀は中国南朝とのあいだに活発な外交を行っていた時期であること、百舌鳥古墳群が当時の海岸線に沿って造営され、古市古墳群が大阪平野から大和盆地への陸上交通ルートに沿って造営されていることは無視すべきではない。これらの倭王権盟主墳は、多分に外国使節の目を意識したものと考えられよう。

古墳の被葬者の比定は可能か

以上に述べてきたのは考古学的な成果から導き出された結果である。ではこれらを『古事記』『日本書紀』の天皇系譜と結びつけることは可能だろうか。

記紀では、アマテラス（天照大神）の孫ニニギノミコト（瓊瓊杵尊）が高天原《たかまがはら》から降臨し、その曽孫《そうそん》で日向《ひゅうが》（宮崎県）から大和に入って即位したのが初代神武《じんむ》天皇ということになっている。二代綏靖《すいぜい》から九代開化《かいか》まではほとんど事績が記されておらず、欠史八代《けっしはちだい》と呼ばれる。一〇代崇神《すじん》がハツクニシラススメラミコト、すなわち初めて国を治めた天皇とされ、神武と崇神は同じ人格として設定されている。

崇神を初代としても、考古学上の初代盟主墳である箸墓や、宮内庁が治定している行燈山古墳の被葬者がそうだと短絡的に考えてはならないだろう。『日本書紀』に描かれる万世一系の「皇統譜」の成立は、一般的には六世紀と言われており（私は七世紀に入ってからと考えているが）、また大王という地位を血縁的に継承する「大王家」という血縁集団も、六世紀の欽明《きんめい》の世代までは形成されていなかった。古市古墳群と百舌鳥古墳群が同時期に併存するのも、その反映であろう。初期倭王権の盟主墳と記紀の伝える「天皇」とを安易に結びつけるのは、まったく学問的ではない。

倭の五王

五世紀の倭の五王についてはどうか。倭の五王とは、東晋《とうしん》の四一三年から宋《そう》の全期間、あるいは南斉《なんせい》、もしかすると梁《りょう》にかけて、中国南朝への朝貢を行い、南朝の皇帝によって冊封《さくほう》を受けた五人の王であり、『晋書《しんじょ》』『宋書《そうしょ》』『南斉書《なんせいしょ》』『梁書《りょうしょ》』の倭国伝に讃《さん》、珍《ちん》、済《せい》、興《こう》、武《ぶ》として記録が残る。

高等学校の日本史教科書は五王の系図と『日本書紀』の「天皇」の系図とを併記し、「済とその子である興と武については……允恭《いんぎょう》とその子の安康《あんこう》・雄略《ゆうりゃく》の各天皇にあてることにほとんど異論はない」(『詳説日本史B』改訂版、山川出版社、二〇一四年)と注記している。

これらのうち、武については、ほぼ確実に、ワカタケル大王(=記紀の伝える雄略)であったと推定される。中国側史料に上表文が残るのみならず、江田船山《えたふなやま》古墳(熊本県)出土大刀銘に「獲□□□鹵大王」、稲荷山《いなりやま》古墳(埼玉県)出土鉄剣銘に「獲加多支鹵大王」とある。

確実にたどれるのは継体大王

武の遣使を最後に、以後一世紀余り、六世紀を通じて倭国は中国王朝から冊封はおろか朝貢も途絶する。この間、もっぱら朝鮮半島諸国との交流を通じて国内体制を整備していったと考えられる。

雄略が死去してからの大王位継承については、不明確な部分が多い。記紀によれば雄略のあと、清寧《せいねい》、顕宗《けんぞう》、仁賢《にんけん》、武烈《ぶれつ》が即位したことになっているが、その史実性については不明というべきであろう。特に、播磨から入った顕宗・仁賢が即位したと主張し、武烈をことさらに暴虐非道な大王として描くのは、越前《えちぜん》（福井県）から迎えられた男大迹王《おおど》（継体《けいたい》）が即位することとの伏線の意味を持つものであろう。実は、雄略が記紀の伝える崩年よりも後の六世紀初頭まで在位していた可能性もあり、そうすると、雄略の死後、数年の空位を経て、継体が即位したということになる。

倭王権には継体の即位を認めない勢力も多かったため、継体は容易には大和に入らず、淀《よど》川《がわ》水系に沿った宮を長い間転々としていたと伝えられている。また継体陵は、それまでの慣例とは異なり、摂津《せっつ》（大阪府北中部）に築造された。宮内庁は五世紀中頃に築造された太田《おおだ》茶臼山《ちゃうすやま》古墳（茨木《いばらき》市）を継体陵に治定しているが、六世紀前半に築かれた今城塚《いましろづか》古墳（高槻《たかつき》市）こそ、継体の真陵であると考えられている。

ただし、継体の次に即位したとされる安閑《あんかん》、宣化《せんか》の二代も謎が多く、安閑は即位していない可能性もある。継体と手白香《たしらか》王女とのあいだに生まれた欽明に至って、いわゆる「大王家」が成立し、その後は血縁で大王位を継承していくことになったのである。

◉論点3　大化改新はあったのか、なかったのか

緊張する国際情勢

五八九年、中国では、北朝から興った隋《ずい》が実質四〇〇年ぶりに統一王朝を現出させた。倭王権の成立以来、三世紀末の晋（西晋《せいしん》）の短期間の統一を除けば、中国は常に分裂状態にあったのであり、倭国の支配者にとってはそれが当然の姿であった。隋の統一の報がいかに衝撃をもって伝えられたかは、想像にあまりある。

六一八年には高句麗《こうくり》遠征に失敗した隋に代わって唐《とう》が成立し、六四四年から高句麗遠征を始めた。高句麗、百済《ひゃくさい》、新羅《しんら》の朝鮮三国や倭国では、この世界帝国の強圧に対処するための権力集中を迫られることになったのである。こうした当時の国際情勢を背景に、推古《すいこ》朝の蘇我馬子《そがのうまこ》や厩戸《うまやど》王子の改革が起こり、いわゆる「乙巳《いっし》の変」やそれに続く「大化改新《たいかのかいしん》」につながったと見るべきである。

一九六〇年代までは、倭国内の新羅派と百済派の争いを背景とみる、対朝鮮外交との関連を考える論考が多かった。一九七〇年代に入って、国際情勢への対応を重視する見方が強ま

った。これらの改革は、国内における権力集中の模索、また大王位継承をめぐる争い、さらには蘇我氏内部における本宗《ほんそう》家争いこそが、その主要な契機であったと考えるべきであろう。

郡評論争

皇極《こうぎょく》四年（六四五）六月、葛城《かつらぎ》王子（後の中大兄《なかのおおえ》）と中臣鎌子《なかとみのかまこ》（後の藤原鎌足《ふじわらのかまたり》）らは、飛鳥板蓋宮《あすかいたぶきのみや》で蘇我入鹿《いるか》を謀殺した。翌日、父の蘇我蝦夷《えみし》も自尽し、蘇我氏本宗家は滅亡した（乙巳の変）。クーデターの結果、史上初の「譲位《じょうい》」が行われ、その後に大王に擁立されたのは、非蘇我系王統庶流の軽《かる》王（孝徳《こうとく》）であった。

翌大化二年（六四六）の元旦、四か条からなる改新詔《かいしんのみことのり》が発せられたと『日本書紀』は記す。この詔の信憑性についてはさまざまな議論がある。

そのうち、第二条の信憑性をめぐる論争が郡評《ぐんぴょう》論争である。改新詔には地方行政組織として国《くに》・郡《こおり》・里《さと》を定めたことが見えるが、当時の金石文《きんせきぶん》や氏族系譜などの諸史料には「郡」ではなく「評」と記したものが多く見られる。これに基づいて、もとの改新詔には「評」とあったのが、『日本書紀』編纂時の大宝律令《たいほうりつりょう》によって文飾を受けている、つまり後代に書き換えられた、という説が出された。なお、評も郡も同じく「コオリ」と訓《よ》む。

坂本太郎氏、井上光貞氏らによって盛んな論争が続いたが、決着をつけたのは藤原宮《ふじわらのみや》跡

（奈良県橿原《かしはら》市）から出土した木簡だった。文武《もんむ》四年（七〇〇）以前の木簡にはすべて「評」と記され、大宝元年（七〇一）以降の木簡には「郡」と記されていた。つまり、大宝律令を境に「郡」から「評」に変わったことが明らかとなった。

大化改新否定説

郡評論争とよく混同されるのが大化改新否定説である。一九六〇年代後半、『日本書紀』の研究が進展し、「大化改新」を再検討する作業が進められた。その結果、孝徳朝に出された詔文の多くはその当時に出されたという確実な根拠がなく、「大化改新」自体が存在しなかったという説が出された。

その背景には、佐藤栄作内閣の明治百年記念事業（一九六八年）に関連して、いくつかの学会では日本史における諸改革、具体的には「大化改新」、建武の新政、明治維新の歴史的な意義を再検討する機運が高まっていたことがある。実際、私が大学に入学した一九七八年当時も、「大化改新」への否定的な風潮が、特に関西では強かったと記憶している。こうして「大化改新」という言葉を避け、入鹿暗殺と蝦夷滅亡のクーデターを「乙巳の変」と呼び、その後の改新詔とは分けて考える、という立場の研究者が増えてきた。

先の郡評論争に見たとおり、改新詔が大宝令の修飾を受けているのは明らかである。だが、

『日本書紀』に記載されたままの詔の存在は疑わしいにしても、その基となる原詔《げんしょう》が出されたとの説が現在では主流となっている。ただし、改新詔がどこまで原詔の姿を伝えているかは難しい問題である。第四条の新税制は、田の面積に応じて徴収する「田の調」は畿外を、戸数に応じて徴収される「戸別の調」は畿内国を対象としたものとされるが、これはこの時期に定められた可能性もある。第二条の畿内の制度も、大化以前の意識を反映させたものであるとも考えられる。

なお、大化という年号は存在しなかったと考えられる。大宝元年以前の木簡や金石文では年紀が干支《かんし》で書かれていることから、その次の白雉《はくち》、朱鳥《しゅちょう》も存在せず、大宝が最初の年号だったと考えている。

改新詔の信憑性は措いても、乙巳の変に続いて一連の諸改革が行われたことは確実である。まず改新詔に先立つ大化元年（六四五）八月に東国に東国国司《とうごくこくし》が派遣され、国造《くにのみやつこ》の支配の実態や人口・田地を調査している。大化五年（六四九）には先ほど述べた「評」が全国に立てられており（天下立評《てんかりっぴょう》）、東国国司の派遣はその予備段階と考えられる。

また、旧俗改正詔（大化二年）は葬儀・婚姻・交通など従来の共同体的習俗の改正を命じるものであった。その他、難波宮《なにわのみや》（聖武《しょうむ》朝の宮と区別して前期難波宮と呼ばれる）への遷都、推古朝の冠位十二階を改め、七色十三階（のち十九階）からなる新しい冠位制の制定などが行われている。

さらに、二〇〇〇年前後からは、飛鳥や難波宮跡で七世紀の木簡が多く出土している。特に二〇〇二年に石神《いしがみ》遺跡（奈良県明日香《あすか》村）から出土した「大山五十戸《おおやまのさと》」木簡は、国・評・里に相当する国・評・五十戸《さと》という地域編成が行われ、拠点支配ではなく領域支配が早期に確立していた可能性を示唆しており（市、二〇一二）、「大化改新」を全く否定する説は妥当ではないだろう。ただし、この木簡は「大化改新」の成果と考えるよりは、白村江《はくそんこう》の敗戦以降の国家体制の整備によるものと考えたほうがよかろう。

しかし、中大兄や中臣鎌足の目指した中央集権国家の建設は孝徳朝では完成に至っていない。例えば、公地公民を謳《うた》って班田収授法《はんでんしゅうじゅのほう》を行うというが、豪族の所有していた土地や人民を収公するのは容易ではない。こののち約半世紀の長い道のりと、白村江の戦いや壬申《じんしん》の乱など幾多の政変・戦乱を経て、はじめて完成されていったのである。

主導者は中大兄・鎌足か、孝徳か

乙巳の変と「大化改新」を主導したのは中大兄や中臣鎌足と見るのが一般的だが、大王孝徳（軽王）の役割を重視すべきだとの説もある。

確かに、鎌足の「功業」は、その実体としては不明な箇所が多い。律令制下の不比等《ふひと》以下の藤原氏の側から、自己の政治的地位の根拠として、「大化改新」前後の鎌足の「功業」が創作され、偉大な藤原氏創始者として鎌足像が形成されたとも考えられるのである（倉本、二〇一七）。

一方、軽王がどれほどの主体性でもってクーデターに参画したかは不明であるが、軽王というのは、父も祖父も即位したわけではない三世王にすぎない。大王皇極の同母弟《どうぼてい》にはあたるが、大王舒明《じょめい》の大后《おおきさき》として即位できた皇極とは、同列に論じるわけにはいかないのである。やはりこれまでの大王位継承の流れから見ていく限りにおいては、主導権は中大兄王子と、その背後にある鎌足が握っていたと考えるべきであろう。

ともに唐の最新統治技術を学んでいた蘇我入鹿と葛城王子（中大兄）、それに鎌子（鎌足）は、いずれが主導権を握って激動の北東アジア国際社会に乗り出すかの方式をめぐって、抜き差しならない対立関係に踏み込んでしまっていたのである。高句麗と同じように、大臣が独裁権力を握るという権力集中を目指した入鹿に対し（すでに蝦夷から大臣位を譲られていた）、女王を立て、有力王族に権力を振るわせたうえで、地位の低い権臣《ごんしん》が背後で権力を握るという、新羅と類似した方式を志向した鎌子（鎌足）が起こしたクーデターと政治改革こそ、乙巳の変と「大化改新」なのであった。

◉論点4　女帝と道鏡は何を目指していたのか

道鏡は「悪僧」だったのか

神護景雲《じんごけいうん》三年（七六九）五月頃、大宰主神《だざいのかんつかさ》が、宇佐八幡神《うさはちまんしん》の命として、道鏡《どうきょう》を皇位に即《つ》けよという神託《しんたく》をもたらした。これに先立ち、称徳《しょうとく》天皇は道鏡を太政大臣禅師《だいじょうだいじんぜんじ》に任じ、さらに天皇に準じる法王《ほうおう》という地位に上らせていた。だが、事件は同年九月に決着し、道鏡を皇位に即けようという動きは失敗に終わった。翌宝亀《ほうき》元年（七七〇）八月に称徳は死去し、皇太子白壁《しらかべ》王（後の光仁《こうにん》天皇）は道鏡を造下野国薬師寺別当《ぞうしもつけのくにやくしじべっとう》として都から追放した。

この宇佐八幡神託事件は、皇族以外の人物が皇位を窺《うかが》った、あるいは天皇が皇族以外の人物に皇位を嗣《つ》がせようとした特異な事件だが、「道鏡事件」と俗称されるように、道鏡主導で語られることが多い。

道鏡は、大僧正《だいそうじょう》に任じられ大仏造営に協力した行基《ぎょうき》、道鏡即位を阻止した和気清麻呂《わけのきよまろ》らと対照的に、いまだ「悪僧」のイメージが強い。だが、近年の研究では、サンスクリットの経典研究を行った学問僧であると同時に、葛城山中で修行して山岳仏教にも通じ、如意輪法《にょいりんぼう》や宿曜《すくよう》秘法《ひほう》を修めたとされている。もちろん、女帝と不適切な関係であったわけではない。

また、近年は孝謙《こうけん》・称徳天皇の研究も進み、神託事件は道鏡主導ではなく称徳主導であることが、学界ではほぼ一致した意見になっている。かつては「称徳天皇の意向も受けて、ついに道鏡を皇位に即けようとする事件まで起こった」と主語を曖昧《あいまい》にしていた高等学校の日本史教科書でも、「称徳天皇が道鏡に皇位を譲ろうとする事件がおこった」(『詳説日本史B』改訂版、山川出版社、二〇一四年)と書かれるようになった。

なお、「道鏡事件」に限らず、かつては天皇が主導した事変であってもそれを明示せず、年号や別の人物の名を冠して呼ばれる例が多かった。例えば弘仁《こうにん》元年(八一〇)の「薬子《くすこ》の変」は、平成太上天皇《へいぜいだいじょうてんのう》の寵愛《ちょうあい》を受けていた藤原薬子とその兄仲成《なかなり》が平城を唆《そそのか》して起きたとされていたが、むしろ平城が主導的であり、事変の本質は、嵯峨《さが》天皇の政権が、平城の専制的な国政運営を押し止めるために起こしたクーデターであるとの見方が強まっている。日本史教科書でも「平城太上天皇の変、薬子の変ともいう」(同前)と書かれている。

孝謙即位の意味

ここで少し遡って、孝謙天皇即位の意味を考えたい。一般に、奈良時代の皇統は天武系と言われている。だが、私はむしろ持統皇統と見たほうがよいと考えている(倉本、二〇〇九)。

天武には皇子が一〇人いたが、そのなかで皇統を嗣いできたのは持統とのあいだに生まれた草壁《くさかべ》皇子の系統である文武、聖武であった。

　持統の子孫が皇統を継承する決定に大きく関わり、王権の輔政を継承したのが藤原不比等とその子孫であった。藤原氏は、天皇家と相互に婚姻関係を結ぶことによって王権とのミウチ的結合を強化し、王権の側からも准皇親《じゅんこうしん》化を認められていた。その結果、律令官制に拘束されない立場で王権と結びついて、内外の輔政にあたった権臣を輩出したのである。

　文武と藤原宮子《みやこ》（不比等の一女）とのあいだに生まれたのが聖武である。聖武と妃の光明《こうみょう》子《し》（不比等の三女）とのあいだには阿倍《あべ》内親王、次いで基《もとい》皇子が生まれ、基皇子は生後二か月で皇太子に立てられたが、満一歳を迎える直前に夭死《ようし》する。これとほぼ同時期に、聖武と県犬養広刀自《あがたのいぬかいのひろとじ》とのあいだに安積《あさか》親王が誕生している。

　だが、天平《てんぴょう》十年（七三八）に阿倍内親王が皇太子に立てられ、天平十六年（七四四）には安積親王が十七歳で急死している。天平勝宝《てんぴょうしょうほう》元年（七四九）、聖武天皇は譲位し、阿倍皇太子が即位した。未婚の女帝孝謙天皇の誕生である。後継者のいない孝謙が即位して持統皇統の断絶が確実になり、奈良朝の皇位継承が混乱していくことになる。

天皇大権を行使できない孝謙

孝謙は即位したものの、天皇大権を振るうことはできなかった。奈良時代、特にその前半には、ほぼ間断なく太上天皇が存在し、天皇を後見した。ある天皇が退位して太上天皇となった時期も、その前の太上天皇が死去した直後であることが多く、当時、太上天皇は常時一人は必要であると認識されていたようである。聖武の譲位もまた、前年の元正《げんしょう》太上天皇の死去によって太上天皇の「空き」ができたことから実現したものであった。

聖武太上天皇は大仏造顕《だいぶつぞうけん》に専念するものの、天皇大権は手放さなかった。内印《ないいん》（天皇御《ぎょ》璽《じ》）を保持していたのは孝謙ではなく聖武、次いで光明皇太后と考えられている。

天平勝宝八歳（七五六）、聖武は死去し、長く政権を担っていた橘諸兄《たちばなのもろえ》も致仕、翌年死去するが、実権は光明皇太后とそれを後ろ盾とする藤原仲麻呂《なかまろ》が握っていた。仲麻呂は、聖武の遺詔によって皇太子に立てられた道祖《ふなど》王を廃し、大炊《おおい》王を新しい皇太子に決定した。大炊王は舎人《とねり》親王の第七子（天武の孫）で、仲麻呂邸に婿《むこ》として迎えられ後見を受けていた人物であった。

天平宝字《てんぴょうほうじ》二年（七五八）、孝謙天皇は皇位を大炊王に譲り、ここに淳仁《じゅんにん》天皇（淡路廃帝《あわじはいてい》）が即位した。自己の意思に忠実な天皇を即位させ、それに大権を委譲したいという仲麻呂（そして光明皇太后）の思惑に対して、孝謙は天皇大権を手に入れることのないまま、位を譲らねばならなくなったのである。皇太后が保持していたであろう内印が淳仁に移されたのはほぼ確実とされている。

皇位継承問題への対応

天平宝字四年（七六〇）、約二〇年間にもわたり、藤原仲麻呂（淳仁から恵美押勝《えみのおしかつ》の姓名を賜わっていた）の権力を支えてきた「天皇家の長」にして「藤原氏の長」だった光明皇太后が死去した。押勝の権力を脅かしたのは、皇太后の病悩と軌を一にして天皇大権を発揮しはじめた孝謙太上天皇であった。そしてこの頃、孝謙の看病に侍していた内供奉禅師《ないぐぶぜんじ》の道鏡が、孝謙に「寵幸《ちょうこう》」されたという噂《うわさ》が広まったのである。

天平宝字六年（七六二）、孝謙は、常祀《じょうし》などの小事は淳仁天皇が、賞罰《しょうばつ》などの国家の大事は孝謙太上天皇がそれぞれ分担するという、天皇大権の分担を命じた。淳仁が内印を保持していたと見られるためその実現は困難だったが、孝謙と道鏡の関係に対する警戒感とも相まって、押勝が強い危機感を覚えたであろうことは、十分に窺えるところである。

天平宝字八年（七六四）、押勝は兵を集めて叛乱《はんらん》を起こしたが、間もなく鎮圧された（恵美押勝の乱）。その後、孝謙は淳仁を淡路に流し、称徳天皇として重祚《ちょうそ》する。天武系の皇親は、天武長子の高市《たけち》皇子、舎人親王、新田部《にいたべ》親王の子孫が有力だったが、この段階ではほぼ潰滅《かいめつ》状態にあり、称徳は皇位継承問題に直面することになった。

そこで称徳は、自身の主導する専制体制のもとで、仏教と天皇との共同統治体制を構想していたと考えられる。在位中に出家し、出家したまま重祚していた称徳は、仏教と神祇の思想が混淆《こんこう》した「天」によって認められた人物であれば天皇になれると考え、その結果が道鏡を天皇にしようとする動きだったのである（勝浦、二〇一四）。

だが、道鏡への譲位は貴族層に受け入れられず、称徳は皇嗣を決定しないまま死去する。藤原百川《ももかわ》、良継《よしつぐ》らは宣命《せんみょう》を偽作して白壁王の立太子を成し遂げたとされる。白壁王（光仁天皇）は天智《てんじ》系だが、聖武皇女の井上《いのうえ》内親王と結婚し、他戸《おさべ》王を儲《もう》けていたから、妥当な選択とも言えよう。

ところが、宝亀三年（七七二）、天智系と天武系を合わせた新皇統の創始者となるはずだった他戸皇太子は皇后井上内親王による呪詛《じゅそ》の疑いに連坐して廃され、母の井上内親王ともども非業の死を遂げる。これは藤原百川を中心とした陰謀であると推定されている。

こうして百済系の高野新笠《たかののにいがさ》から生まれた山部《やまべ》親王が皇太子に立てられ、天応《てんおう》元年（七八一）、即位して桓武《かんむ》天皇となる。天智系と百済系による新皇統であり、桓武は新しい「帝国」を目指して、新都造営と蝦夷《えみし》征伐に向かうこととなる。

なお、造下野国薬師寺別当に左遷《させん》された道鏡はその後も布教に努め、下野国（栃木県）からは第三代天台座主《てんだいざす》となる円仁《えんにん》をはじめ多くの名僧を輩出した。

◉論点5　墾田永年私財法で律令制は崩れていったのか

反転する墾田永年私財法の評価

かつて、奈良時代から平安時代にかけての歴史は、律令制が徐々に崩れていく過程として描かれていた。「大化改新」以来目標とされた中央集権国家の建設が律令制の確立で完成したものの、その後は貴族が荘園という私有地を増やして私腹を肥やし、国家としては衰退していく。腐敗し堕落した貴族の収奪に対抗して武士が台頭し、中世社会が生み出されていった、という構図である。律令制においては班田収授法による公地公民が謳われていたが、天平十五年（七四三）に出された墾田永年私財法《こんでんえいねんしざいほう》は、開墾した田地の私有を永年にわたって保障するものであり、律令制を崩壊させた原因の最たるものとされた。

だが、こうした見方は改められている。一九七〇年代には、土田直鎮氏が、摂関《せっかん》期の貴族は律令制が機能していた奈良時代の貴族よりも豊かな生活をしていたであろうことを指摘し、律令制がとめどなく崩壊していく過程として平安時代をとらえる見方に疑問を呈した（早川庄八『日本の歴史4　律令国家』〔小学館、一九七四年〕の月報掲載の土田・永井路子・早川による座談会における発言）。また、吉田孝氏は制度史の観点から、墾田永年私財法は律令の修正であり、むしろ律令国家の基盤を広げるものだったと指摘した（吉田、一九八三）。

大宝律令で定められた班田制は、熟田《じゅくでん》（既耕田）だけを固定的に把握して、それを実際に班給《はんきゅう》しようとする硬直した制度であった。当時の水田は開墾と荒廃を繰り返す不安定なものであったが、日本の班田制は農民による小規模な開墾田をそのまま口分田《くぶんでん》に組み込む仕組みにはなっておらず、開墾者の権利も公認されないまま、収公の対象となっていた。その対策として、まず養老《ようろう》七年（七二三）に三世《さんぜ》一身法《いっしんのほう》が定められた。

そして開墾を行ったものの開墾者が死亡して墾田が荒廃しているという事態を承《う》けて、天平十五年（七四三）に定められたのが、墾田永年私財法である。これによって日本律令国家の土地支配体制が後退したのではなく、むしろこれまで十分に把握できていなかった未墾地と新墾田を土地支配体制のなかに組み込むことができるようになった。

唐の均田法《きんでんほう》では、このような内容を実質的には内包していたとされるが、これでやっと、日本律令国家も、墾田をも含む土地支配体制を確立することになったのである。開墾された田は租《そ》を収める輸租田《ゆそでん》として田図《でんず》に登録された。そして三世一身法では不可能であった民間の開墾への意欲に火を付け、天然痘《てんねんとう》の大流行によって荒廃した国土を開発し、日本全体の水田の面積を増大させる契機となった（吉田、一九八三）。

実際、墾田永年私財法によって水田の総面積は増加し、租税の増収が実現したと考えられている。高等学校の日本史教科書でも、「貴族・寺院や地方豪族たちの私有地拡大を進めることになった」としつつも、「政府の掌握する田地を増加させることにより土地支配の強化をはかる積極的な政策であった」（『詳説日本史B』改訂版、山川出版社、二〇一四年）と書かれるようになっている。

徴税システムの転換

もともと、律令の規定は唐の律令に倣ったものであり、当時の日本社会の実情とは異なっていた。平安時代の研究が進むにつれ、平安時代に入って日本の実情に合わせた制度が整備されたことが明らかになってきた。つまり、律令国家はあくまでも国家目標であって、平安時代中期に生まれた王朝《おうちょう》国家こそが日本的な古代国家と考えられるようになった。例えば、嵯峨天皇が設置した蔵人《くろうど》や検非違使《けびいし》などの令外官《りょうげのかん》や殿上人《てんじょうびと》こそが官僚制にふさわしく（古瀬、一九九八）、また藤原氏が権力を振るった摂関政治なども、律令太政官制の変形した政治体制であったことが明らかにされている（土田、二〇〇四。大津、二〇〇九）。

律令制では、戸籍に登録された六歳以上の男女に口分田が班給され、租・庸《よう》・調《ちょう》・雑徭《ぞうよう》などの税が課せられた。しかし、当時の日本の耕地の面積は、すべての公民に口分田を班給するには不足しており、産業のあり方から見て、一般の農民が繊維製品（麻布や糸）の現物税が多い調を貢進するのはきわめて困難であった（庸の代替品も布）。自身で都まで運搬するとの規定にも無理があった（加えて、すでに対外戦争の危機は去っていたにもかかわらず、公民四人に一人の割合で兵士を徴発するという兵役の制度にも無理があった）。

九世紀後半になると租税の未進が深刻化し、班田収授も行われなくなって、国家財政は危機に陥った。そこで宇多《うだ》天皇は受領経験のある菅原道真《すがわらのみちざね》を抜擢《ばってき》して国政改革に着手した。この改革は次の醍醐《だいご》天皇の治世でも、藤原北家の忠平《ただひら》によって継続された。

この改革により、対象となる田地を「名《みょう》」という徴税単位に分け、「名」ごとに負名《ふみょう》という納税責任者を決めて、国衙《こくが》（国司の役所）に一定額の租税を納めさせることになった。人間単位で徴税する個別人身支配から、土地を徴税単位とする土地支配への転換がはかられたのである。

租税は官物《かんもつ》と臨時雑役《りんじぞうやく》に分けられた。官物は反別に穀一斗五升あるいは米七升五合の租や、地税化された正税《しょうぜい》が含まれた。臨時雑役は「国交易絹」や「丁馬之雑役」など、その時に応じて具体的に定められた。こうして、実際には荒廃して収穫がなくても、「名」の公田《こうでん》面積分だけの租税は完納させるという体制に切り替わったのである（坂本、一九七四）。

受領の役割

平安時代の王朝国家を支えたのが、国司から転換した受領《ずりょう》である。律令では地方行政組織として国・郡・里が定められ、各国に国司が派遣された。国司には守《かみ》・介《すけ》・掾《じょう》・目《さかん》の四等官がある。律令国家では全員が中央から派遣され、納税や行政、勧農に対して連帯責任を負った。もちろん、私腹を肥やすことなど不可能であった。

それに対し、王朝国家では、受領が徴税と一国内の行政を一身に委ねられ、大きな権限を持つこととなった。守のみが任期四年で中央から派遣されて受領と呼ばれ、次官の介以下は現地で任用されて任用国司と呼ばれるようになった（親王が守〔大守〕となった上総《かずさ》・上野《こうずけ》・常陸《ひたち》国では介が受領となった）。

受領は任期に一度、検田《けんでん》（田地調査）を行って検田帳を作成し、「名」の責任者を把握して、その者に賦課を行った。また、新しく開墾された荘田を不輸《ふゆ》（租税を免除すること）と認めるかどうかの裁量を行使した。このように、国内支配を委任され、中央政府に租税を上納したのである。

なお、受領というと任地で巨利を貪《むさぼ》ったとのイメージが強い。『今昔物語集』には、谷底に落ちた信濃守《しなののかみ》藤原陳忠《のぶただ》が、そこに生えていた平茸《ひらたけ》をとることを忘れず、「受領は倒るるところに土をもつかめ」と言ったとの説話があり、現行の日本史教科書は「当時の受領の強欲さをよく物語っている」としている。だが、徴税を請け負った責任者としての受領の役割を、もっと積極的に評価するべきだろう。

負名は身分や所属を問われず、律令制の原則よりもはるかに少額の、一定額の租税を納めればよく、余剰は私物化できた。受領は一定額の租税を中央政府に納入すればよく、余剰は私物化できた。中央政府は租税を確実に徴収できた。これは当時の日本社会の実態に合わせた効率的な体制であり、国家の衰退ではなく現実的な国家の成立と見るべきである。そして財政基盤の確立は摂関期の豊かな王朝文化の基礎ともなった。

また、「受領層」という言葉が象徴するように、受領は中下級官人といったイメージが強い。しかしそれは、『源氏物語』の主人公たちのような超一級の身分の人たちから見た視点である。受領だけを歴任する「受領層」という身分は存在せず、中央官を一定年数、勤めた官人が、空きの出る国の受領に任じられたいということを申文《もうしぶみ》に記して申請し、それらのなかから公卿が推挙したうえで、除目《じもく》という儀式で天皇（または摂政）が任官者を決定したのである。四年間の任期を勤めて交替《こうたい》が終了すると、多くの場合はふたたび本務の中央官に任じられる。いわば受領の地位は、実務官人の精励への褒賞といった側面もあったのである。

◉論点６　武士はなぜ、どのように台頭したのか

武士の起源

武士の起源というと、地方とりわけ関東の有力農民が自分の領地を守るために武器を取って立ち上がった、というイメージが強い。現行の日本史教科書でも、「９世紀末から10世紀にかけて地方政治が大きく変化していくなかで、地方豪族や有力農民は、勢力を維持・拡大するために武装するようになり、各地で紛争が発生した」（『詳説日本史B』改訂版、山川出版社、二〇一四年）と書かれている。これは近代の帝国日本の国家主義的政策（国民皆兵《こくみんかいへい》とアジア侵略）ともよく合致する歴史像であり、マルクス史学のいう、悪しき古代を克服して中世の段階に「発展」したという史観とも都合よく組み合わされたことから、ほとんど常識的な構図として国民に浸透してしまった。石母田正《いしもだしょう》氏の『中世的世界の形成』（一九四六年）などで確立した、いわゆる「在地領主制論《ざいちりょうしゅせいろん》」である。

一九八〇年代になると、中世史の研究者を中心に武士論がさかんになった。十世紀から十一世紀にかけての平将門《まさかど》の乱、藤原純友《すみとも》の乱、平忠常《ただつね》の乱、前九年合戦、後三年合戦などを

見ると、初期の「武家の棟梁《とうりょう》」とされる人々は藤原氏や清和源氏《せいわげんじ》、桓武平氏《かんむへいし》などの出身で貴族の血筋を引き、地方に勢力を持ちながらも完全には土着せず、官職や邸宅など都にも基盤を置いていた（留住《りゅうじゅう》）。また、武士の暴力団的性格やケガレとしての存在、また貴族志向の強さ、芸能的側面などが明らかになってきている（元木、一九九四。高橋、一九九九）。

さらには、「武家の棟梁」と言いながらも、彼らに常に従属する兵力は非常に少なかった。例えば平将門が叛乱を起こした際、その私兵と言うべき兵力（従類《じゅうるい》）はほとんどなく、多くは個人的な契約関係による傭兵《ようへい》的な伴類《ばんるい》であった。十二世紀の源平合戦においても、双方の兵力はほとんど国衙の指揮下にあるものだったことが明らかになっている（石井、一九七〇）。つまり、平安時代の武士はまだ「棟梁」と言える段階にはなく、「軍事貴族」だったと考えられるのである（元木、一九九四）。

平安時代の軍事貴族は、代々軍事に携わり、中央で官職を持ち、受領に任じられることもあった。彼らは、将門の乱や純友の乱を鎮圧する際に功績を立てた、藤原秀郷《ひでさと》、平貞盛《さだもり》、源経基《つねもと》といった「天慶勲功者《てんぎょうくんこうしゃ》」の子孫が多い。武士たちも、京都の宮廷社会のなかで検非違使や受領を歴任することを目指し、その一方では摂関家《せっかんけ》など有力権門《けんもん》の家人《けにん》になって身辺警護や受領としての奉仕に務めるなど密着を強めた（下向井、二〇〇九）。例えば源経基の子と孫にあたる満仲《みつなか》、頼光《よりみつ》・頼親《よりちか》や、平貞盛の子である維衡《これひら》は藤原道長《みちなが》の『御堂関白記《みどうかんぱくき》』や藤原実資《さねすけ》の『小右記《しょうゆうき》』など貴族の日記にもよく登場する。まさに「侍《さぶら》ひ」であった。

合戦の正当性を決めた追捕官符

平安時代の軍事貴族は、在地にそれほど大きな地盤があったわけではなく、合戦のたびに兵を徴集して鎮圧に向かった。しかも、中央政府から「追捕官符《ついぶかんぷ》」を得て国家の名の下に戦わなければ、「私闘」と見なされて断罪されることになった。

将門の乱も当初は平氏一族内の争いであり、伯父の良兼《よしかね》らに対する追捕官符が与えられた将門の側に正当性があった。将門が征討の対象となるのは常陸国府を襲ってからのことである。なお、将門の乱と純友の乱は総称して「承平《じょうへい》・天慶の乱」と呼ばれる。だが、将門も純友も承平年間には追捕する側の立場にあって、追捕を受ける側になったのは天慶年間になってからであり、「天慶の乱」と呼ぶべきであろう（下向井、二〇〇九）。

平忠常の乱と前九年合戦においても追捕官符が重要な位置を占め、追捕の対象となった側が鎮圧されることになった。奥州の豪族清原氏一族内の争いだった後三年合戦では、ついに追捕官符は出されず、陸奥守《むつのかみ》であった源義家《よしいえ》の介入は私闘にすぎなかった。合戦後、義家はともに戦った武士たちに私財を投じて恩賞を与えており、これらの戦いを通じて源氏は東国の武士たちとの関係性を強めていくことになる。

古代の視点と中世的発想

義家の行動については、鎌倉幕府を創設した源氏の祖先ということもあり、後世からは称揚されることが多い。だが、それは中世的な発想によるもので、古代では禁じられた私闘を行ったことになる。

また、義家が私財を投じなければ恩賞を与えられなかった点は、当時は武士団が未発達であった状況を窺わせる。江戸時代までの武士の主従関係は、武士道から想像されるような強力なものではなく、恩賞を媒介とした契約関係にあり、追捕官符や個人的な契約関係によって兵が集まった当時は、源氏が基盤とすることになる東国武士団は、いまだ形成されていなかったと考えられる（元木、一九九四）。

武士団が形成されはじめるのは十二世紀半ばの保元《ほうげん》の乱以降である。ただ、将門の乱を画期として、紛争の解決に際して在地の武力を使うことになったのも大きな転換点であり、中世の端緒と見ることもできよう。この意味で、十世紀から十二世紀までは古代から中世への移行期と考えるのがよいだろう。

平忠常の乱を平定した源頼信《よりのぶ》は永承《えいしょう》元年（一〇四六）に石清水八幡宮《いわしみずはちまんぐう》に願文《がんもん》である「源頼信告文《こうもん》」を奉献《ほうけん》したが、そこでは、「文武《ぶんぶ》の二道は朝家《ちょうか》（国家＝天皇）の支え」であると謳っている。武士が支える天皇という国家観を、すでに自己認識しているのである。ただし、やがて本当にそういった時代が到来することになるであろうことは、この時点では、いったい何人が予測していたであろうか。気が付けばいつの間にか、政務や儀式、文芸をもっぱらにする貴族層と、武芸や合戦、殺人をもっぱらにする武士とが分離していたのである。

武士の時代の到来に関して、象徴的な例を挙げると、嘉保《かほう》二年（一〇九五）に美濃守《みののかみ》源義《よし》綱《つな》（頼信の孫、頼義《よりよし》の子）の流罪《るざい》を求める延暦寺《えんりゃくじ》と日吉社《ひえしゃ》の強訴《ごうそ》に対して、関白《かんぱく》藤原師通《もろみち》（道長の曾孫）は要求を拒否したうえで、大和源氏の源頼治《よりはる》を派遣して大衆《だいしゅ》を撃退した。その際、矢が山僧や神人《じにん》に当たって負傷者が出たことで、延暦寺は朝廷を呪詛《じゅそ》し、承徳《じょうとく》三年（一〇九九）に師通は三十八歳で急死した。延暦寺はこれに対し、神罰《しんばつ》が下ったと喧伝《けんでん》したという（『平家物語《へいけものがたり》』『愚管抄《ぐかんしょう》』）。

こうなると、朝廷の武力では寺社の強訴に対応できなくなる。貴族というのは、みずから神仏に弓を引いたり、殺人を行ったりといった、手を汚すことは避けたかったのである。白《しら》河法皇《かわほうおう》が、永久《えいきゅう》元年（一一一三）の永久の強訴をはじめとした強訴に対して、神輿《しんよ》や神木《しんぼく》を畏れることなく、それらに弓を引くことを厭わない武士、特に正盛《まさもり》・忠盛《ただもり》などの伊勢平氏を重用したのも、こういった事情があったのである。こうして都の周辺でも、武士なくしては紛争の解決ができない時代となっていった。地方における内戦の解決は、言うまでもない。

特に十一世紀の前九年・後三年合戦といった二度の内戦から、十二世紀の保元・平治の乱を解決する過程において、日本という国は、自力救済（＝暴力主義）を旨とする武士の世の中を迎え、まったく異なる価値観の国になってしまった。

そういった連中が、文字通り中央の権門に伺候《しこう》する「侍ひ」であった時代はまだよかったのであるが、武家が中央の政治に影響力を持つようになったり、政治の中心に坐ったりすると、日本の歴史は途端に暴力的になってしまった。たしかに、王朝国家は日本的な古代国家の完成形ではあったが、同時にそれは中世国家の形成期でもあった。

そして、「武士的なもの」がその後の日本の歴史の主流となり、その歪曲《わいきょく》されて増幅された発想、武士を善、貴族を悪とする価値観や、草深い東国の大地を善、腐敗した京の都を悪とする地域観が現代日本にまで生きつづけているのである。

もちろん、「古代的なもの」「京都的なもの」「貴族的なもの」がいいことばかりではないことは、重々承知してはいるけれども、苦痛を長引かせるために鈍刀で首を斬ったり、舌を抜いた者を主君の首の上に吊るしたり、降服してきた女性や子供を皆殺しにしてしまうという発想は、儒教倫理《じゅきょうりんり》を表看板にしている古代国家ではあり得ないものであった。長い歴史のなかで培《つちか》ってきた古代的な価値観は、もはやこの時代以降には、京都の没落貴族のなかだけのものになってしまったのである。

第2章

中世

今谷明

元寇（文永の役）における陸戦の場面
（宮内庁三の丸尚蔵館所蔵『蒙古襲来絵詞』）

中世 関連年表

1086（応徳３） 白河上皇、院政の開始
1156（保元元） 保元の乱
1159（平治元） 平治の乱
1180（治承４） 源頼政・以仁王挙兵、敗死。福原京遷都。源頼朝・同義仲挙兵。頼朝、侍所を設置
1183（寿永２） 平氏の都落ち。頼朝の東国支配権確立
1184（元暦元） 頼朝、公文所・問注所を設置
1185（文治元） 平氏滅亡。頼朝、守護・地頭の任命権獲得
1189（文治５） 頼朝、藤原泰衡を討ち、奥州を平定
1192（建久３） 頼朝、征夷大将軍となる
1199（正治元） 頼朝死去。頼家、家督相続。合議制へ
1219（承久元） 将軍実朝、公暁に殺される（源氏将軍断絶）
1221（承久３） 承久の乱。六波羅探題設置
1232（貞永元） 貞永式目（御成敗式目）制定
1274（文永11） 文永の役
1275（建治元） 両統迭立始まる
1281（弘安４） 弘安の役
1333（元弘３） 鎌倉幕府滅亡。後醍醐天皇の親政始まる（建武の新政）
1336（建武３） 建武式目制定。後醍醐天皇、吉野に移る
1338（暦応元） 足利尊氏、征夷大将軍となる
1349（貞和５） 観応の擾乱（～52）
1391（明徳２） 明徳の乱
1392（明徳３） 南北朝の合一
1428（正長元） 正長の徳政一揆
1441（嘉吉元） 嘉吉の乱
1467（応仁元） 応仁の乱（～77）
1493（明応２） 明応の政変
1543（天文12） 鉄砲が伝わる
1549（天文18） ザビエル、キリスト教を伝える
1565（永禄８） 将軍足利義輝、三好氏に攻められて自害
1568（永禄11） 織田信長、足利義昭を奉じて京都に入る
1573（天正元） 信長、将軍義昭を追放（室町幕府の滅亡）

◉論点１　中世はいつ始まったか

西欧由来の「中世」概念

「中世」は西欧史学から発生した用語である。日本では慈円《じえん》（摂関家出身の僧侶）が著した『愚管抄《ぐかんしょう》』以来、「武者《むさ》の世」と呼び慣わしてきた。しかし明治になって西欧の史学が導入され、封建制（feudalism）が日本にもあったか否か、という議論がまず起こった。中世と封建制はほぼ同じ意味といってよいが、中世という言葉は明治末年まで使われておらず、まず封建制が議論されたのである。

明治中期以前、日本人の学者は日本が遅れた社会と考え、鎌倉・室町時代が封建制であったことには懐疑的であった。ところが日清・日露両戦争で日本の国力が自覚されると、にわかに、日本中世は西欧と同じく封建社会、という認識が広まった。

その最初は経済史家の福田徳三であり、承平《じょうへい》・天慶《てんぎょう》の乱（九三五〜九四一年）以降が封建制とし、次いで法制史家の中田薫が「「コムメンダチオ」と名簿捧呈《みょうぶほうてい》の式」（一九〇六年）を発表して、日欧の封建制はともに主従制（家人《けにん》制）と恩貸《おんたい》制（知行《ちぎょう》制）を車の両輪とし、その始期を「平安朝の中葉」と規定した。

次いで日本史家の三浦周行《ひろゆき》も中田と同じく、日本の封建制は平安中期に始まったとした。一方、西洋史家の原勝郎《かつろう》は『日本中世史』（一九〇六年）を著し、平安末から戦国期の日本は決して暗黒時代ではなく、固有の価値ある時代だと強調し、西欧史に倣って初めて「中世」と命名した。少し前に経済史家の内田銀蔵が『日本近世史』（一九〇三年）を著して江戸時代を「近世」と命名したので、ここに、日本の封建時代前半を中世、後半を近世と称する慣行が定着した。

以上のように、近代史学の発展の上で、まず封建制の日本における存在が問題となり、その後、中世・近世の時代呼称が出現した。

福田・中田・三浦ら史家の巨匠は、いずれも平安中期を中世ないし封建制の起点としたが、大正期以降、日本史学への規制が厳しくなり、南北朝時代という表現も禁じられて吉野《よしの》朝の呼称が強制されるなどした。かくして時代区分論争も困難となり、中世の起点の議論は萎縮、消衰した。

「権門体制論」の登場

戦後になり、敗戦を大きな教訓として、封建制の議論が各方面に、しかも急激に起こった。

なかでも、封建制の担い手は武家だったという考え方（武家政権論）が主流の座を占め、鎌倉幕府が中世の起点であるとする見方が教科書的理解に適《かな》い、平安時代は古代末期という位置づけが教科書や講座等で採用された。

ところが、平安時代は四〇〇年に及ぶ長い時代であり、その実証研究は遅々として進まなかった。社会経済的な土台となる荘園史の研究は一定程度進んだものの、権力の構造を分析する摂関政治や院政の研究が遅れ、福田・中田・三浦らが提起した中世史の起点研究は先送りを余儀なくされた。そもそも、中近世の呼称よりも封建制の用語が重視され、一九五〇（昭和二十五）年当時は、中近世の時代区分をやめて封建前期・封建後期と呼ぼうという提唱がなされたほどである。

ところで、中世＝封建制という見方も必ずしも定着したわけではなかった。皇国史観で著名な平泉澄《きよし》が戦前に刊行した『中世に於《お》ける社寺と社会との関係』（一九二六年）を継承して、黒田俊雄が第二次「岩波講座　日本歴史」（一九六二～六四年）に「中世の国家と天皇」を発表し、封建制へのアンチテーゼたる「権門体制論《けんもんたいせいろん》」が華々しく登場した。

平泉も黒田も、中世の国家体制が武家政権によって完結しているとは見ない。公家・武家・寺家《じけ》（寺社）という三つの権門（政治・社会的勢力）がそれぞれ公事《くじ》・守護・護持の三機能をもって鼎《かなえ》の足のように国政に関与し、相互補完的に国家を構成すると解するのである。

この平泉・黒田の三者鼎立《ていりつ》説は、一九七〇年代に領主制に拠《よ》る研究者の多くから批判され、武家政権論の代表者たる佐藤進一も厳しく斥《しりぞ》けたものの、最新の岩波講座（二〇一三～一五年）では依然として権門体制論が一定の力を保っている旨を指摘されている。

摂関政治から院政へ

中世の始まりを考える上では、平安中後期の研究が必須となる。平安中後期における激しい社会変動といえば、まず寺社の嗷訴《ごうそ》（僧徒による集団訴訟）、次いで武家の勃興があり、やや遅れて寄進地系荘園（墾田による初期荘園に対する呼称。開発領主が国司の収奪を免れるため、所有地を中央の権力者に寄進することで成立した荘園）の増大があることは、当時の記録に照らして明白であるとともに、石井進の研究（「院政時代」）で指摘されたところである。これらの動向が、かつての律令国家すなわち天皇と摂関による弥縫策《びほうさく》の範囲を超えた、いわば古代天皇制の想定外の変化であることも、坂本賞三（『藤原頼通《よりみち》の時代』）らの研究で明らかにされた。

藤原頼通は道長《みちなが》の嫡男で、摂政・関白にあること在任五〇年以上という、古代の政治家としては記録的な長期の執政を行ったが、執政の中頃（後朱雀《ごすざく》天皇の治世）には天皇への後見の意欲を失い、園城寺《おんじょうじ》の僧兵が戒壇設立の件で嗷訴を起こした時（一〇三九年）も自ら決裁せず、天皇に責任を押しつけようとして天皇を困惑させた。
また東国で平忠常《ただつね》の乱（一〇二八年）が起こったとき、天皇は検非違使《けびいし》（京の警察・裁判をつかさどる職）に討伐を命じたものの二、三年も片付かず、諸大臣の進言で源頼信《よりのぶ》（河内《かわち》源氏の祖と仰がれる武将。源頼朝《よりとも》は直系の子孫）を派してたちまち収拾したという事件があった。これなどまさに武家と寺社の擡頭《たいとう》が、当時の太政官《だじょうかん》政治の想定外の案件であった事実を裏付けるものと言えよう。

寺社の嗷訴のうちでも、興福寺の僧兵が春日《かすが》大社の神木《しんぼく》（神霊が宿るとされた榊《さかき》の枝）を押し立て、その神木を洛中《らくちゅう》に放棄でもすると、興福寺の氏子《うじこ》である藤原氏の公卿《くぎょう》は朝廷へ参上できなくなり、朝廷の儀式はたちまち停滞した。結局、増長した南都北嶺《なんとほくれい》（興福寺と延暦寺）を抑えるには、武家の棟梁《とうりょう》を頼んでその武力による鎮圧を図る以外に方策はなかった。

このように、天皇と摂関が提携する王権では埒《らち》が明かない事態が続出したとき、人々に期待された新しい王権こそが「院政」という統治制度だったのである。

上皇（院）は天皇経験者であるが、天皇ではないからいわゆる「汚れ役」の実行が可能である。武家の棟梁に指示して嗷訴を鎮圧することが可能になるのである。摂関の側にも天皇の側にも、院政の登場を必然とする背景があった。藤原頼通は娘たちを後朱雀・後冷泉《ごれいぜい》ら諸帝に入内《じゅだい》させたが、皇子が生まれなかった。一方、後朱雀天皇の第二皇子尊仁《たかひと》（後冷泉天皇の異母弟。のちの後三条《ごさんじょう》天皇）は皇族（三条《さんじょう》天皇の皇女）を母とし、摂関家を後ろ盾としない親王であった。後朱雀天皇の病床へ強引に参上し、尊仁親王を皇太弟として立てるよう進言したのは、尊仁の後見役の藤原能信《よしのぶ》（道長の息子ながら、腹違いの頼通らに比べて冷遇されていた）であった。かくして兄後冷泉の没後に後三条天皇が即位する（一〇六八年）に伴って、摂関は外戚の地位から転落し、後三条の皇子白河《しらかわ》天皇にカリスマ性が生じて院政へとなだれ込んでいくのである。

古代の終焉

最新の「岩波講座　日本歴史」の古代5（第5巻）と中世1（第6巻）では、後三条天皇即位をもって、いわば「古代の終わりの始まり」という体裁をとっている。すなわち、摂関が天皇の外戚から外れて弱体化した点を重視しているが、その背景には寺社嗷訴と武家擡頭がある。岩波講座は伝統的に学界の標準を表しているから、院政の出現が中世の開始と見られていると言って差し支えなかろう。同時に、寺社・武家の擡頭を前提とするから、この後三条即位または白河院政の出現が権門体制の起点となろう。

厳密には、白河院政の開始は同天皇が退位して数年後のことで、退位した一〇八六（応徳《おうとく》三）年よりもさらに下る。後三条即位は白河退位の二〇年近く前だから、中世の始まりを後三条即位に持ってくる見方は早すぎると映るかもしれない。しかし摂関政治の終焉《しゅうえん》、具体的には関白頼通が天皇後見の意欲を失い、さらに尊仁親王（のちの後三条天皇）が力をつけてきて逆に頼通を圧迫するようになった時点で、新たな王権（院政）への胎動が始まったとも言える。また、院政こそが武家を政治の表舞台に登場させたことも確かであり、今のところこの新しい見解、時期区分は時宜を得たものと思われる。

◉論点2　鎌倉幕府はどのように成立したか

武家政権の先駆としての平氏

一二世紀後半の戦乱は一般に源平合戦と呼ばれる。学術用語としては「治承《じしょう》・寿永《じゅえい》の内乱」である。この戦いに打ち勝って、源氏の棟梁たる頼朝は鎌倉幕府を開いた。

対する平氏についても、京都の六波羅《ろくはら》を根拠地に政権を掌握したとして、平氏政権との呼称がある（五味文彦氏による）。ただし諸説あって、平氏政権こそが最初の武家政権だとする見方がある一方で、院政の枠内に捉えるべきという見方もあって一致を見ていない。

平氏に政権らしい形が見えてくるのは、保元《ほうげん》の乱（一一五六年）に続く平治《へいじ》の乱（一一五九年）において、敵対した藤原信頼《のぶより》・源義朝《よしとも》の勢力を平氏が打ち破ったときからである。乱後、源氏の勢力を斥け、院近臣《いんのきんしん》（院の側近となる廷臣）や摂関家を武力で抑え込んだ平清盛《きよもり》の地位と権力は高まった。自身は太政大臣となり、その子重盛《しげもり》ら平氏一門も高位高官に就いた。さらに清盛は娘徳子《とくこ》を高倉《たかくら》天皇の中宮《ちゅうぐう》（皇后の別称）とし、彼女が生んだ安徳《あんとく》天皇をわずか三歳で即位させると、外戚として権勢をふるった。平氏一門の知行国を増やして日本全国の半分を占め、膨大な荘園を所有して経済的基盤としている。また日宋《にっそう》貿易も行っている。

それ以前、後白河《ごしらかわ》法皇を中心として反平氏の動きが表面化すると（鹿《しし》ヶ《が》谷《たに》の変、一一七七年）、清盛はついに法皇幽閉の挙に出、高位の貴族を多数処罰している。武力で後白河を抑え込み、日本全国に支配を及ぼしたことから、これをもって平氏政権が本格的に成立したとする考え方がある。しかし平氏政権は貴族的性格が強く、全国の武士を糾合したものではなかった。特に東国武士との主従関係は弱く、平氏が知行国を東国に拡大すると、地域に醸成されつつあった政治的矛盾を自ら引き受ける形となり、不遇をかこつ武士たちから強い反発を受けた。以上をふまえれば、平氏政権を未熟な武家政権と呼ぶことは許されるであろう。

一一八〇（治承四）年に以仁王《もちひとおう》・源頼政《よりまさ》らが挙兵すると内乱は急拡大し、源頼朝や同義仲《よしなか》らが糾合した反平氏勢力は大きな力を持っていった。平氏一門は次第に追い詰められ、武家政権の性格を深める前に、頼朝の代官である義経《よしつね》に滅ぼされてしまった（壇《だん》ノ《の》浦《うら》の戦い、一一八五年)。

鎌倉幕府の成立期

鎌倉幕府の出発点は、何よりもまず、一一八〇(治承四)年に源頼朝が挙兵したことにある。そしてそれは反乱軍としての挙兵であった。

石橋山《いしばしやま》の戦いに敗れて房総半島に逃れた頼朝は、同地の豪族を糾合して勢力を拡大し、武蔵《むさし》・相模《さがみ》の武士団も加えて父祖ゆかりの鎌倉を根拠地とした。頼朝は駿河国《するがのくに》の富士川《ふじがわ》で平氏軍を破ったが、配下の有力武士の説得により追撃を思いとどまり、鎌倉に戻って東国の経営に専念した。

まず侍所《さむらいどころ》を設置して御家人《ごけにん》(将軍と主従関係を結んだ武士)を統率させた。さらには一般政務や財政を担当する公文所《くもんじょ》(のちに政所《まんどころ》と改称)、訴訟事務を所管する問注所《もんちゅうじょ》を開いた。

一一八三(寿永二)年、頼朝は朝廷と折衝して東国の支配権の公的な承認(寿永二年十月宣旨《せんじ》)を得た。この宣旨を東国行政権として重視する佐藤進一に対し、上横手雅敬《うわよこて》氏は「公家政権による東国の併合条約」と捉えた。次いで一一八五(文治《ぶんじ》元)年、平氏の滅亡後、後白河法皇が義経に頼朝追討を命じると、頼朝は大軍を京都に送って強く抗議し、追討令を撤回させるとともに、諸国に守護を、荘園や公領に地頭を置くことを認めさせ(文治勅許)、御家人をこれらに任命した。

一一八九（文治五）年、逃亡した義経を匿《かくま》ったとして奥州藤原氏を滅ぼし（奥州合戦）、全国の軍事支配を成し遂げた頼朝は、一一九二（建久《けんきゅう》三）年、征夷大将軍に任じられた。

ところで、鎌倉幕府の成立時期については次のような説が主張されてきた。

①一一八〇（治承四）年　南関東軍事政権の確立
②一一八三（寿永二）年　寿永二年十月宣旨の獲得
③一一八四（元暦元）年　公文所・問注所の設置
④一一八五（文治元）年　文治勅許の獲得
⑤一一九〇（建久元）年　頼朝の右大将《うだいしょう》就任
⑥一一九二（建久三）年　頼朝の征夷大将軍就任

右のうち、①②の背景は佐藤進一を中心とする東国国家論（鎌倉幕府を東国において自立した一つの国家と見る説）であり、③〜⑥の背景は黒田俊雄（または、さかのぼって平泉澄）を中心とする権門体制論に連なる、と言えよう。また別の言い方をすれば、⑤と⑥（特に⑥）は幕府（征夷大将軍の居館）という言葉の語源にこだわる立場であり、古くから主張されてきた。同じ⑤の一一九〇年説であるが、頼朝が日本国総追捕使《そうついぶし》・総地頭《そうじとう》の地位を獲得した点を重視して、上横手雅敬氏はこの年をもって幕府成立とする（「幕府と京都」、京都市編『京都の歴史』2)。それに対して、他の説は軍事政権としての幕府が成立してくる過程を問題にしており、なかでも④の文治勅許、すなわち守護・地頭の任命権などを獲得したことが最も重要であるとして、現在はこれを支持する研究者が圧倒的多数を占めている。

しかし鎌倉幕府の東国支配政権としての性格を重視するなら、朝廷から東国の包括的行政権を認められた②の寿永二年十月宣旨も重要ということになろう。

御家人制

頼朝は主人と従者（家人《けにん》）の関係を幕府の根本に据えた。将軍と直接、強固な主従関係を結んだ武士は御家人と呼ばれ、将軍は御家人に御恩を与え、御家人は将軍に奉公する制度である。

頼朝は御家人に対し、おもに地頭に任じることで所領の支配を保障し（本領安堵《あんど》）、勲功によって新たな所領を与えた（新恩給与）。これらが御恩である。御恩を受けた御家人は奉公を果たす義務があり、戦時には一命を賭して戦い、平時には京都大番役《おおばんやく》・鎌倉番役などの軍役を務めた。このように御家人制は頼朝と武士の主従関係を象徴する権利義務関係であり、地頭職は恩貸制（知行制）を表す典型的な権益である。ヨーロッパに起こった封建制の特色が不思議と日本にも符合するわけで、中田薫以来注目されてきた所以《ゆえん》である。

御家人は所領その他の権益で規模に大きな差異があっただけでなく、東国と西国とでは大きな地域差があった。西国御家人は頼朝に御目見《おめみえ》した者や所領の安堵状を受けた者が少なく、下司《げし》・公文《くもん》・名主職《みょうしゅしき》など荘園領主の支配下にある者が多くて、幕府の保護は弱かった。鎌倉後期には御家人の経済基盤が動揺し、幕府は所領売買や質入れを制限したが、御家人制は崩壊へと向かっていった。

将軍と御家人はこうした御恩と奉公を通じて双務契約的な関係を結び、御家人制は鎌倉幕府の軍事的な基盤となった。

◉論点3　元寇勝利の理由は神風なのか

文永の役で神風は吹いたか

モンゴル帝国を築いたチンギス・カンの孫フビライは、国号を元《げん》とし、周辺諸国に派兵して支配下に置いた。朝鮮半島の高麗《こうらい》を押さえたフビライは、次いで日本の征服を計画するに至る。

蒙古《もうこ》襲来（元寇《げんこう》）は二度にわたった。一二七四（文永《ぶんえい》十一）年の文永の役《えき》と、一二八一

（弘安《こうあん》四）年の弘安の役である。

蒙古襲来は「神風」という幸運によって辛うじて撃退できたと信じられている。東洋史家の杉山正明氏は文永の役をこう叙述する（『大モンゴルの世界』）。

「二万七千の軍団は合浦《がっぽ》を出発して、対馬《つしま》と壱岐《いき》を席捲《せっけん》したのち、博多《はかた》湾から上陸した。（中略）モンゴル側は混成部隊とはいっても、大陸ではふつうであった集団戦法をとった。個人単位の戦闘と功名あらそいになれていた鎌倉武士には、カルチャー・ショックとなった。（中略）博多・箱崎《はこざき》を失った日本軍は大宰府《だざいふ》をさして敗走した。

十月二十日夜、モンゴル軍は博多湾上の兵船にいったんしりぞいた。そこを暴風が襲った。かなりな数の船と兵員に損害がでたため、モンゴル軍は戦闘をあきらめて高麗国へ帰還した」

蒙古軍の撤収直後に暴風が襲ったというが、実際の戦況はこのようなものだったのだろうか。

文永の役は一日で終わったことになっているが、実は一〇日間ぐらい蒙古軍は滞在しているのである。日本側が大宰府まで追い込まれたのは確かだが、一日でということはあり得ない。日清・日露両戦争に参加した陸軍歩兵少佐の竹内栄喜は、実戦の経験から、一度の上陸は近代戦での敵攻撃のない状態でさえ、朝から夕方までで一万人内外が限度であり、三万人近い蒙古兵の場合、上陸にも乗船にも数日を要したはずだ、と指摘した（史蹟現地講演会編纂『元寇史蹟の新研究』）。竹内の指摘を踏まえた中世史家の服部英雄氏は、「当時の上陸用小艇は手こぎでの往復を強いられた。上陸時には日本軍は布陣して待ちかまえ、帰船時には後方から矢を射かけてくる。時間も労力も相当にかかったであろう。竹内の指摘は無視できない」と述べている（「文永十一年・冬の嵐」）。従うべき意見であろう。

また、文永十一年十月二十日は、太陽暦（グレゴリオ暦）では十一月二十六日に当たる。台風のシーズンではなく、暴風が吹いたとすれば、それは寒冷前線に伴う玄界灘《げんかいなだ》の冬の嵐というものであろう。気象学者の荒川秀俊は戦後の昭和三十年代に「文永の役の終りを告げたのは台風ではない」（一九五八年）、「文永の役の終末について諸家の批判に答う」（一九六〇年）という論文を発表して歴史家に衝撃を与えた。暴風が蒙古軍を殲滅《せんめつ》したという見方はこの荒川説によってくつがえされたのだが、多くの歴史家が受け入れるところとはならなかったのである。

蒙古軍に善戦した日本

文永の役の根本史料はごく限られている。その数少ない史料の一つが、石清水八幡宮《いわしみずはちまんぐう》の霊験譚《れいげんたん》を記した『八幡愚童訓《はちまんぐどうくん》』である。

『八幡愚童訓』は鎌倉末期、つまり文永の役から数十年後に書かれたもので、同時代の記録と見なすことはできず、そもそも同書は八幡神による霊験を誇大に宣伝する目的で書かれている。にもかかわらず、他に史料がないということで、この『八幡愚童訓』が一人歩きし、史実と見なされてきたことは重大な問題である。同書の記述の矛盾や、戦闘記録としての疑問点は、すでに大正初年に報告されているところである。

史実としては、蒙古軍はなんとか数千人を上陸させて、戦争になった。先に述べたように、戦闘が一二七四（文永十一）年十月二十日のわずか一日で終わったという説は歴史家の間で通説化していた。だが服部英雄氏の新研究が出て、『勘仲記《かんちゅうき》』『鎌倉年代記裏書《うらがき》』『関東評定伝』などの同時代史料により、その戦争に一〇日間ぐらいかかったことがわかってきている。冬の嵐が何日か続くと本国に帰れないような状況なので、蒙古側は相当焦っていたに違いない。早く引き揚げたいのだが、日本と戦争をやってみて簡単には片付かないことがわかったため、一〇日間ほどで引き揚げた。日本側が善戦したためである。時間切れを悟った蒙古軍の自発的撤退が濃厚であるとすれば、「神風」は戦況に関係なかったことになる。

しかし日本が蒙古軍を相手に善戦したことは、戦後書かれた概説書ではほとんど否定されてきた。その根拠が例の『八幡愚童訓』なのである。『八幡愚童訓』は、鎌倉武士は卑怯《ひきょう》で臆病だという書き方で一貫しているが、それを戦後の学者がひきずっている。しかし実態は、一〇日間の戦闘に見られるように、日本側も劣勢なりによく戦い、蒙古軍相手にかなり抵抗したのである。

一二七九（弘安二）年に南宋を滅ぼして中国を統一した皇帝フビライは、一二八一（弘安四）年に二度目の日本遠征軍を送った。弘安の役である。

蒙古側は、高麗から出発した東路軍《とうろぐん》四万人と、寧波《ニンポー》から出発した江南軍《こうなんぐん》一〇万人に分かれていた。文永の役に比べて四倍以上の兵力である。

文永の役とは異なり、日本側の水際作戦は万全であった。博多湾沿いに、遠浅の浜には石造りの防塁を築き、潟《かた》には乱杭《らんぐい》を打ち込み、蒙古の襲来に備えていたのである。蒙古軍は博多湾から上陸できず、志賀島《しかのしま》に上陸し、その後撃退されている。結局、弘安の役で蒙古側は本格的な上陸を果たすことができず、一か月近くを空費することになった。

弘安四年七月三十日、風が吹き始め、夜には暴風雨となった。太陽暦（グレゴリオ暦）の八月二十二日に当たり、まさに台風シーズンであって、もともと蒙古軍は危うい状況にあった。蒙古側の船は大半が沈み、兵たちは溺死した。大型の台風が襲来したのは事実だとしても、一か月の遅滞に問題があって、それを「神風」とは言えまい。

蒙古襲来に関しては、川添昭二による学術史的な研究（『蒙古襲来研究史論』）が重要であるが、その後、服部英雄氏の研究によって急展開を見せた。その成果は研究書『蒙古襲来』

（二〇一四年）などにまとめられている。

史料批判の不徹底

文永の役において、嵐とは関係なく蒙古軍は自発的に撤退した。弘安の役では確かに台風が襲来し、蒙古の艦隊は甚大な被害をこうむったが、日本側の防備が固く、たとえ台風が吹かなかったとしても上陸は困難で、いずれ撤退を余儀なくされたと考えられる。二度とも日本側は善戦したのであって、特に弘安の役に先立っては防御態勢が確立されていた。

戦後の日本の歴史家の蒙古襲来に対する評価は、蒙古側の内部の問題を強調するところでは一致しているけれども、日本側の防備や善戦ぶりを概して低く見ている。

だが、他のユーラシアの諸国（南宋、ロシア、ペルシャなど）とは異なり、日本側は権力の中心が鎌倉と京都に分裂していた割によく結束して国難に当たっている。幕府は文永の役の直後、朝廷（亀山《かめやま》院政）に奏して「本所一円地《ほんじょいちえんち》（公家・寺社領など、幕府の支配が及ばない土地）」の武士を戦闘に動員する体制を作り上げていた。また、弘安の役の直前には西国の荘園年貢の一部と九州・山陰の富豪から財産を徴発する権限を得ている。つまり朝廷側が鎌倉幕府に最大限の譲歩をして、幕府が指揮権を発揮できる体制づくりに協力しているわけである。そのあたりのことが、歴史家による概説書ではほとんど書かれていない。

なぜ古い説が疑われることなく来てしまったかというと、『大日本史料』（日本史の包括的で基本的な編年体史料集）がまだ刊行されていなかったこともあろう。良質な史料が網羅的に読まれておらず、信頼するに足りない『八幡愚童訓』などにひっぱられてしまった。史料批判が不十分だったのであって、使える史料と使えない史料を、服部氏らが確定していったことの意味は非常に大きい。

ところで、蒙古襲来の影響について付言するならば、この大事件によって鎌倉幕府は弱体化し、幕府滅亡の遠因ともなった。それ以前の戦争では、敵方からの没収地が見込めたため、恩賞には事欠かなかったのである。ところが蒙古軍を撃退はしたものの、外国との戦争に勝ったといっても御家人に与える恩賞地がない。命がけで戦った多くの武士たちが、何らの恩賞にもあずかることができない結果となったのである。

それればかりか、蒙古襲来の場合は、寺社が幕府や朝廷の要請で異国調伏《ちょうぶく》の祈禱《きとう》を行った。当時は祈禱も戦闘の一種であって、戦闘に参加したのだから恩賞をよこせという寺社の要求が厳しかった。多くの場合、幕府は、寺社がかつて持っていた権利を取り戻させるという形をとった。すると、それまで持っていた権利を否定される人たちが出てくる。そうして不公平が生じ、不満分子はやがて倒幕運動に関わってくる。鎌倉幕府の滅亡は、弘安の役から約五〇年後の一三三三（元弘《げんこう》三）年である。

◉論点4　南朝はなぜすぐに滅びなかったか

後醍醐天皇の親政

南北朝分裂の発端となった両統迭立《りょうとうてつりつ》とは、鎌倉時代後期、天皇家が後深草《ごふかくさ》天皇の系統（持明院統《じみょういんとう》）と亀山《かめやま》天皇の系統（大覚寺統《だいかくじとう》）に分かれて皇位継承を争った時期に、妥協策として両統から交互に皇位につくとされた慣行を指す。

承久《じょうきゅう》の乱（一二二一年）後、皇位の継承と治天《ちてん》の君《きみ》（天皇家の家長）として院政を行う上皇の認定には、幕府が深く関与していた。執権北条泰時《やすとき》の後押しにより即位した後嵯峨《ごさが》天皇は、子の後深草天皇に譲位して院政を敷き、次いで後深草の同母弟の亀山を皇位につけた。後嵯峨上皇は院政の後継者を指名せず亡くなったため、幕府は大宮院《おおみやいん》（後嵯峨の後室）の裁定により亀山を後継としたが、悲嘆した後深草上皇は出家の意を漏らし、これに同情した執権北条時宗《ときむね》が、後宇多《ごうだ》天皇の皇太子を後深草の嫡子熙仁《ひろひと》（のちの伏見《ふしみ》天皇）に決定し、ここに両統の迭立が決まったのである。時に文永、弘安の間の建治《けんじ》年間（一二七五〜七七）のことで、時宗は、国難最中の天皇家の内紛好ましからずとして、このように判断したらしい。

大覚寺統と持明院統の略系図（数字は皇統譜による皇位継承の順序）

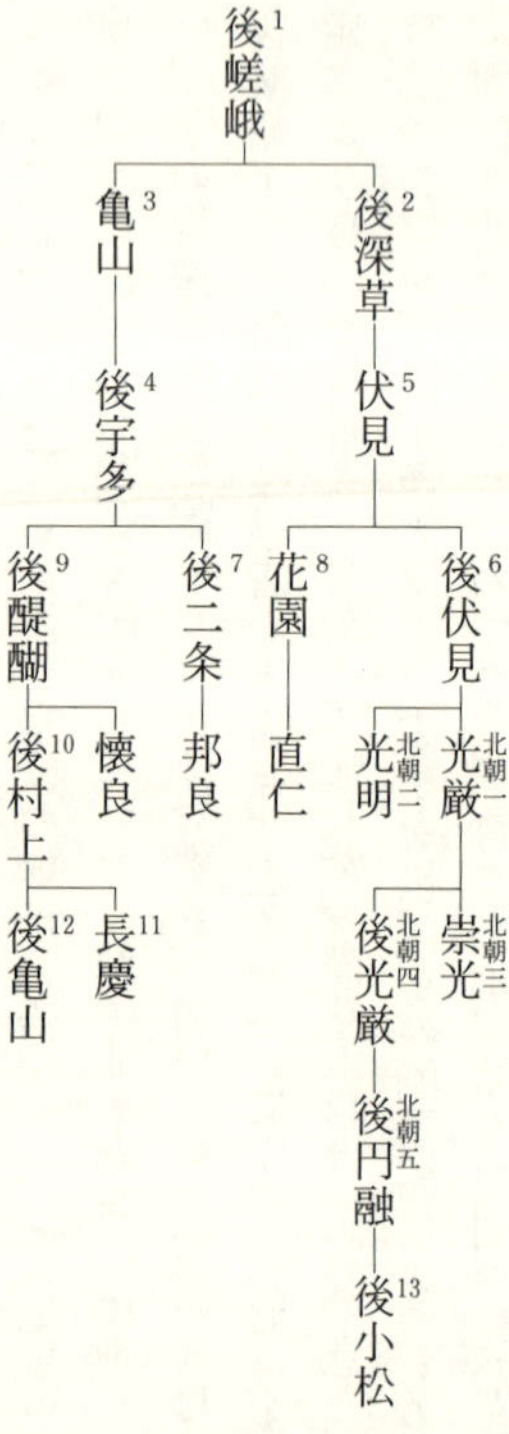

両統は皇位の交代のたびに幕府に対して運動し、自らの系統から次の皇太子を出そうと画策するようになった。これに関東申次《かんとうもうしつぎ》（幕府と朝廷の窓口役）の西園寺《さいおんじ》氏の思惑もからんで、複雑怪奇な変遷を辿《たど》ることとなる。一三一七（文保《ぶんぽう》元）年、幕府は皇位継承のルールを両統の協議によって定めるよう促した（文保の和談）が、効果はなかった。

一三一八（文保二）年に即位した後醍醐《ごだいご》天皇は、政治への意欲が強く、父後宇多上皇の院政を廃して天皇親政を開始した。だが、後醍醐は甥《おい》の邦良《くによし》親王が成長するまでの、いわば中継ぎであった。後醍醐は自分の皇子への皇位継承を望み、倒幕を計画する。

正中《しょうちゅう》の変（一三二四年）、元弘の乱（一三三一～三三年）と、倒幕計画はいずれも失敗に終わったが、これをきっかけに反幕府の機運は高まる。幕府から離反した足利高氏《たかうじ》（のち尊氏と改名）は、赤松則村《のりむら》（円心《えんしん》）らの支援も得て六波羅探題《たんだい》を攻め落とした。関東の有力御家人の新田義貞《よしさだ》も鎌倉に攻め入り、北条高時《たかとき》をはじめとする北条氏一族を滅ぼした。こうして一三三三（元弘三）年、鎌倉幕府は滅亡した。

後醍醐天皇は将軍や摂関を廃した天皇親政の復活を目指した。建武《けんむ》の新政である。だが、後醍醐の施策は武家だけでなく公家も含めた多くの人々を失望させ、新政はわずか三年で崩壊した。

南北朝の対立軸

鎌倉幕府は滅亡したが、それは北条氏一族が支配する六波羅・鎮西《ちんぜい》両探題を含めた機構の滅亡であって、武士全体の力は衰えてはいなかった。新政に失望した武士たちの期待は足利尊氏に集中した。

一三三五（建武二）年、北条高時の子時行《ときゆき》の反乱（中先代《なかせんだい》の乱）を鎮圧すべく鎌倉に向かった足利尊氏は、武家政治の再興を掲げ、反旗をひるがえした。翌年、尊氏は京都を制圧して持明院統の光明《こうみょう》天皇を擁立して光厳《こうごん》上皇の院政を仰ぎ、幕府を開いた。後醍醐天皇は大和国《やまとのくに》の吉野に逃れて自らの正統性を主張したため、吉野の南朝と京都の北朝が並び立つ南北朝時代の幕が開いた。

ところで、足利尊氏が開いた室町幕府と、それを権威づける北朝（光厳上皇の院政）の組み合わせという政治形態の性格を考えるとき、幕府成立の前年に起きた中先代の乱を顧みるべきであろう。反乱の名目上の盟主は後伏見《ごふしみ》上皇であり、北条時行らが構想したのは、後醍醐天皇によって中断された後伏見院政の復活であった。反乱の鎮圧に向かった足利尊氏は、結果的にこの北条時行の挙兵をなぞるかのように、院政の復活を図っていく。南北朝の動乱は、宮方《みやがた》（朝廷）と武家方（幕府）の争いがすべてではなく、王権のあり方をめぐる天皇親政と院政の理念の対立であったと思えるのである。

南北朝時代論といえば、佐藤進一氏が著した『南北朝の動乱』（一九六五年）がある。これは不朽の名著であって、今なおこの内乱に関する最高水準の書で、これを超えるような概説書、通史は出ていない。同書で南北朝時代は公武対立の時代と捉えられており、それは間違っていないが、右に述べたように、天皇親政絶対の南朝と院政を肯定する北朝が互いに譲らず、戦乱が長期化した面があると私は考えている。

北朝方の内部事情

ところで、最新の「岩波講座　日本歴史」で驚いたのは、南北朝という言い方がほとんど出てこないことである。建武の新政の後、すぐ室町幕府になっている。南北朝時代を含めて室町幕府の発展過程だという理解なのだ。

幕府の内部にも対立が生じ、尊氏の執事高師直《こうのもろなお》と尊氏の弟直義《ただよし》の争いから始まった観応《かんのう》の擾乱《じょうらん》（一三四九～五二年）のような争乱があって、そこでは南北朝の勢力が拮抗《きっこう》したけれども、そうした数年を除くと、北朝方がはるかに優勢だという見方なのだろう。

吉野の山奥に逼塞《ひっそく》していたような地方政権を、全国政権と並べて南北朝時代と呼ぶのはおかしい、と言われれば一理あるとは思う。瀬野精一郎氏が南朝元号と北朝元号で古文書の計量分析した結果によると、八割から九割が北朝文書で、南朝年号の文書はごくわずかだという。それは確かであろう。しかしそうかといって、南北朝の動乱というのをまったく無視してしまうことには違和感がある。

たとえば南朝の軍は、反幕府勢力にも助けられ、四度にわたって京都侵攻に成功している。一三五二（正平《しょうへい》七・観応三）年、京都に突入した北畠顕能《あきよし》（北畠親房《ちかふさ》の子）と楠木正儀《まさのり》（楠木正成《まさしげ》の子）の率いる南朝軍は、北朝の光厳・光明・崇光《すこう》三上皇と廃太子直仁《なおひと》親王を大和の賀名生《あのう》に連れ去った。幕府は窮地に立たされたが、光厳上皇の末子を急遽《きゅうきょ》新天皇に立て（後光厳《ごこうごん》天皇）、広義門院《こうぎもんいん》（後伏見上皇の嫡妻、西園寺寧子《ねいし》）を治天の君に仰ぐことで辛うじて北朝を再建した。

京都の防衛が困難だったのは、尊氏の子義詮《よしあきら》（のちの二代将軍）の戦略のまずさもあるが、基本的に京都には城壁がなく、不意の攻撃に弱く、守る側はいったん京外へ脱出し油断を見澄まして奪回するしか手がなかったという事情がある。この関係は戦国時代も変わらず、一五一一（永正《えいしょう》八）年の船岡山《ふなおかやま》合戦によって管領《かんれい》細川高国《たかくに》が京都を奪回したのも同じ計略によっている。

ただ客観的に見れば、南朝が北朝方と軍事的に渡り合えたのはごく短い期間だった。南北朝の動乱の初期に南朝が反攻の主力として期待したのは奥州の北畠顕家《あきいえ》（北畠親房の子）と北陸の新田義貞であったが、一三三八（暦応《りゃくおう》元）年に両者は相次いで戦死し、南朝は主たる戦力を失ってしまった。後醍醐天皇は翌三九年に失意のうちに死去し、以後の南朝は東国から帰ってきた北畠親房の主導のもとで抵抗を続けるが、それもわずかの間だった。

弱体化した南朝を、北朝方が一挙に滅ぼせなかったのはなぜか。南朝が吉野・賀名生など天然の要害を本拠地にしたこと、三種の神器を保持して正統性を主張し得たことなどが挙げられるが、幕府側が内部分裂の危機を内包していた事情も大きいと思われる。

特に山陰の山名時氏《ときうじ》は幕府に叛服《はんぷく》常なく、中国管領・四国管領を歴任した名将細川頼之《よりゆき》の統一戦略を待たねばならなかった。また九州は南朝の征西宮《せいせいのみや》（後醍醐天皇の皇子の懐良《かねよし》親王）

の勢力が強く、これも九州探題今川貞世《さだよ》（了俊《りょうしゅん》）の調略により、ようやく北朝優位に転じたのであった。

後醍醐没後、南朝の皇統は後村上《ごむらかみ》、長慶《ちょうけい》、後亀山《ごかめやま》と継承され、一三九二（明徳《めいとく》三）年、後亀山天皇が将軍足利義満《よしみつ》の説得に応じて帰京し、北朝の後小松《ごこまつ》天皇に譲位する形で南北朝の合一が実現した。その際、和平の条件として両統が交互に皇位につくと約束されたが、その約束が守られることはなかった。

◉論点5　応仁の乱は画期だったか

管領家・畠山氏の分裂

嘉吉《かきつ》の乱（一四四一年）により、六代将軍足利義教《よしのり》は暗殺された。その後将軍権力が弱まり、室町幕府は守護大名が勢力争いをする場となった。やがて細川勝元《かつもと》、山名宗全《そうぜん》を中心とする二大勢力が、八代将軍義政《よしまさ》の後継争いを軸に、斯波《しば》・畠山といった管領家の家督相続争いなどでも対立し、小競り合いを経て、一四六七（応仁《おうにん》元）年、応仁の乱が起こった――。

これが通説的な理解であろう。ちなみに、乱が始まったのは応仁年間だが、終結したのは一四七七（文明九《ぶんめい》）年なので、学界では「応仁・文明の乱」と呼ぶことが多い。

乱勃発の原因は複合的であるが、元を正せば畠山氏の分裂が一番大きい。畠山氏内部では政長《まさなが》と義就《よしなり》の二派が家督をめぐって争った。応仁の乱に英雄はいないけれども、強いて英雄らしき人物を挙げるとしたら畠山義就ではないだろうか。彼は戦争にめっぽう強くて、応仁の乱以前から幕府の大軍を相手にゲリラ戦を展開している。一四七三（文明五）年、東西両軍の大将である宗全と勝元が相次いで死去してもなお戦いは終わらなかったが、それは義就が徹底抗戦を主張したからである。

どうやって乱を収束させるかが大問題となったとき、結局、斎藤妙椿《みょうちん》（美濃国《みののくに》の守護代）といった守護代クラスの連中が知恵を出して、畠山義就に京都を出ていってもらうしかないということになった。

一四七七年、主戦派であった畠山義就と盟友・大内政弘《まさひろ》が京都を去るに及んで、東西両軍の間で和睦が成立した。

大和国の争乱

応仁の乱により、京都の市街地では多くの建物が焼失した。平安京が始まって以来の惨状である。京都の旧家で「この前の戦争でみんな焼けてしもうて」などと言うので、太平洋戦争のことかと聞きただすと、それが応仁の乱のことだと知って呆気《あっけ》に取られた、などという笑い話は、筆者も昔よく聞かされた。

そうした重大事件だが、多くの論述があったかというとそうではなく、かつて筆者らの研究時代は、わずかに永島福太郎著『応仁の乱』（一九六八年）があるばかりで、もっぱら同書を座右に備えて参照していた。近年、呉座勇一氏の『応仁の乱』（二〇一六年）が出て多くの読者を獲得したのを見るにつけ、隔世の感を強くした。

応仁の乱は先述の通り、原因と背景が複雑で一般書として啓蒙することが容易ではなかったが、呉座氏は最初の章題を「畿内《きない》の火薬庫、大和」として、興福寺・春日大社が守護権を持つ大和国（現在の奈良県）の衆徒《しゅと》・国民《こくみん》、つまり僧兵と氏子の闘争を巻頭に据えて論を展開している。乱の根本原因の一つが、畠山氏の分裂と衆徒・国民の争乱にあることを象徴的に暗示しているのである。

また近年の諸研究の特色として、根本史料である公卿や寺社の日記がよく読み込まれ、乱の直前に起きた文正《ぶんしょう》の政変（一四六六年、将軍義政の側近の伊勢貞親《さだちか》と僧季瓊真蘂《きけいしんずい》らが失脚したクーデター）が詳しく理解されてきたことも見逃せない。応仁の乱に関する家永遵嗣《じゅんじ》氏らの精力的な研究が存分に生かされている。

大乱を相対化する見解

応仁の乱といえば、古くは東洋史家の内藤湖南《こなん》が、日本史を二分する画期となる戦乱と定義し、「今日の日本を知る為《ため》に」は「応仁の乱以後の歴史を知って居《お》ったらそれで沢山」と喝破《かっぱ》したことがよく知られている。この言説は日本史家にも強い影響を与えた。

旧体制はすべてあの乱で滅んだという見方であって、軍記物語『応仁記』にある「仏法王法ともに破滅」という認識ともつながっている。中世を特徴づける権門体制は応仁の乱で崩壊した。そして宗教的・学術的施設である五山《ござん》（幕府に保護された有力な禅宗寺院）も物理的に崩壊してしまった。それは間違っていない。

和辻哲郎は戦後ほどなく「応仁の乱以後日本では支配層の入れ替えが行なわれた」と指摘した（『埋もれた日本』）。これは内藤湖南の喝破に呼応した評価である。また、京都大学で湖南の同僚であった原勝郎は、世阿弥《ぜあみ》、周文《しゅうぶん》（室町中期の画僧）らに代表される乱前の室町文化を日本のルネサンスの時代と論じた。その卓越した文化が行き詰まり、京都が焼けて公家などが地方に移り住み、中央の文化が地方に伝播《でんぱ》したことも大きい。一方、文学者のドナルド・キーン氏は、乱後に興ったいわゆる〝東山文化〟を、近代につながる生活文化として強調している。

ただ、「仏法王法ともに破滅」とは少し違う見方もある。それは、室町幕府はまだ続いているではないか、画期というなら戦国時代の終わりではないのか、という見方だ。

また宗教の面でも、旧体制の崩壊とともに、奈良・平安以来の顕密《けんみつ》の旧仏教は後退したが、いわゆる鎌倉新仏教が勃興してきた。鎌倉仏教とは呼ぶけれども、鎌倉時代から盛んになったのは禅宗（臨済宗や曹洞宗）だけで、それ以外の日蓮宗・時宗・一向宗（浄土真宗）などは、むしろ応仁の乱で京都が荒廃した後に発展したのである。

これらを考え合わせると、応仁の乱は確かに画期だけれども、その画期のあり方は多角的、多面的と言うべきではないだろうか。

戦国時代の始まりはいつか

では戦国時代と応仁の乱はどういう関係か、というのが次の問題になる。古くから、応仁の乱が終わって戦国時代が始まるという見方があるからだ。

この問いに対しては、明応《めいおう》の政変から戦国時代が始まるという説を中世史家の鈴木良一が打ち出している。一四九三（明応二）年、管領家の細川政元《まさもと》が日野富子《とみこ》と結んで十代将軍足利義材《よしき》（義稙《よしたね》とも名乗る）を追放し、代わりに足利義澄《よしずみ》を新将軍に擁立した事件である。このクーデターで将軍の権力は失墜した。将軍は時の畿内制圧者（この場合は細川政元）の傀《かい》儡《らい》となり、諸大名は幕府の言うことをまったく聞かなくなったのである。これ以前は、六角《ろっかく》征伐、河内《かわち》出陣、山城国一揆《やましろのくにいっき》の弾圧等があり、幕府は諸大名に命じて一応ながら敵対者(六角高頼《たかより》や畠山基家《もといえ》)を討伐・攻撃しているのである。

応仁の乱と明応の政変の間は一五年ぐらいしかないので、その短い期間を度外視して一五世紀後半のある時期から戦国時代になっていくという言い方もできなくはないだろう。しかしながら、一般に研究者はなるべく厳密に物事を規定したいものであり、大名たちが幕府の言うことを聞かなくなった明応の政変をもって、戦国時代の始まりと見ていいだろうという考え方が現在の学界の大勢である。いま一つ、明応の政変の画期性を言うと、細川政元が、丹波《たんば》・河内・山城等という自己の勢力圏で猖獗《しょうけつ》を極めていた「国一揆」を鎮圧したことで、明らかに中世的な一揆の世界が終結を告げたことであった。

付言するなら、戦国時代の終わりはいつかというと、一つは織田信長が足利義昭《よしあき》を奉じて京都に入った一五六八(永禄《えいろく》十一)年、もう一つは室町幕府が滅亡した一五七三(天正《てんしょう》元)年である。戦国時代のその後を織豊《しょくほう》時代と呼んで、信長から時代が変わるのだという認識が非常に強いため、学界では前者の方がやや有力ではないかと思われる。ほかに、本能寺の変(一五八二年)まで、あるいはずっと下って関ヶ原《せきがはら》の戦い(一六〇〇年)まで中世に入れる研究者もいる。戦国時代の始まりははっきりしているけれど、終わりについては説がかなり分かれていると言える。

◉論点6　戦国時代の戦争はどのようだったか

戦国大名研究の変遷

戦国大名の研究は戦後、非常に盛んになった。理由の一つは経済史家安良城盛昭《あらきもりあき》の「太閤《たいこう》検地《けんち》の歴史的前提」（一九五三年）なる衝撃的論文で、日本は豊臣秀吉以後、やっと封建社会に入るという、従来の中世史家を驚嘆させる見解であった。「戦国大名」という学術用語は戦前、中村吉治《きちじ》が唱えたが、安良城のこの論文で普及した。したがって、戦後の一時期はこの安良城論文を批判・克服する論点一色となり、中世史といえば荘園制と戦国大名研究に二分される事態となったのである。

ところが、最新の「岩波講座　日本歴史」の中世4（第9巻）を瞥見《べっけん》すると、テーマとしての戦国大名論が見当たらないばかりか、キーワードとしての「戦国大名」の語さえ消えている。強いてそれらしい用語を探せば、「地域権力」なる項目が立てられているばかりである。しかし地域権力では、どの時代にも存在する一般用語に過ぎず、歴史用語とさえ言えない。このような状況はいかにして生じたのか。この現状に、研究史の混迷と変遷が象徴的に表れているように思われる。

「安良城旋風」の十余年後に、永原慶二ら有力な中世史家により提唱された戦国大名のメルクマール（指標）は、①分国法、②幕府への反逆（自立性）、③城下町へ家臣団が集住——のおよそ三点であった。しかしこの大名定義はいささか厳密さを欠き、その後の実証研究で有力な疑問が出されるに至った。

たとえば『大内氏壁書《へきしょ》』や『大友氏式条』のように、分国法は鎌倉時代あるいは応仁の乱前から存在し、何ら戦国特有の事象ではない。②に至っては、尼子《あまご》・伊達《だて》・毛利らの有力戦国大名がみな幕府から守護職《しゅごしき》に補任《ぶにん》されている事実が判明し、反逆どころか応仁以前の守護大名と何ら変わらぬ状況であることになった。③についても、南北朝期以降の守護領国を分析した結果、守護所や郡代役所などの城下町はすでに室町期に厳然として存在し、家臣の集住も珍しくない。

以上のように永原呈示のメルクマールが懐疑にさらされた結果、戦国大名を「戦国期守護」と言い換えるべきだとする川岡勉氏らの説が有力となり、ついに岩波講座から「戦国大名」の呼称が消滅して、「地域権力」といったような一般用語に置き換わる事態が生じたということになるのである。要するに大犯《たいぼん》三箇条（内裏《だいり》大番役《おおばんやく》の催促、謀反人《むほんにん》・殺害人の追捕）からスタートした鎌倉期の守護が、使節遵行《しせつじゅんぎょう》（幕府の判決の執行）や刈田狼藉《かりたろうぜき》の停止（田地の紛争の取り締まり)、寺社・駅舎に関する権限に加え、裁判権をも獲得して室町期の守護となり、さらに強大化した到達点が戦国大名であるということになろう。このように、鎌倉初期の源頼朝による総地頭や総追捕使の地位獲得を起源とする地域勢力の不断の成長・発展過程と捉える柔軟な見方こそ重要であり、大名の存在を固定的、制度的に静止して捉えることは問題であると言えよう。

鉄砲と兵農分離が変えた戦争

さて戦国期の戦争の実態は、鉄砲の導入と兵農分離の進行で大変化をこうむった。それは包囲攻城戦のあり方に端的に表れている。

一四四一(嘉吉元)年の嘉吉の乱では、幕府(主として山名氏)の討伐を受けた赤松氏は三~四日間で坂本城(姫路市)が落ち、揖保《いぼ》川《がわ》上流の木山《きのやま》城(詰《つめ》の城)も三日間で陥落し、一族滅亡している。ところが時代は下って一五四〇(天文《てんぶん》九)年から翌年にかけて、出雲《いずも》の大名尼子晴久《はるひさ》(出雲・石見《いわみ》・隠岐《おき》・備中《びっちゅう》・備後《びんご》の各守護)に包囲された安芸《あき》郡《こおり》山《やま》城は五か月持ちこたえている。守備側の毛利元就《もとなり》は当時まだ大内氏の被官《ひかん》(守護に従属した土豪など)にすぎなかったが、領国民すべてを私財も含めて城内に拘留して徹底抗戦し、結局尼子氏は掠《りゃく》奪《だつ》の手がかりもなく、攻め落とせず撤退している。一五四二(天文十一)年、今度は周防《すおう》の大内義隆《よしたか》が毛利氏らを率いて尼子の本拠、出雲の富田月山城《とだがっさん》を囲んだ。一年半にわたる遠征の終盤、三か月猛攻したが落とせず、撤退に追い込まれている。

応仁の乱（一四六七〜七七年）を経て、戦略や戦術も変化し、敵城攻略には大変なエネルギーを要する時代となったのである。東国でも上杉憲政《のりまさ》から関東管領を引き継いだ長尾景虎《かげとら》（のちの上杉謙信《けんしん》）が北条氏康《うじやす》の小田原《おだわら》城を包囲したが（一五六一年）、三か月かかって落とせず、武田・今川ら北条の援軍接近もあって結局撤退している。

鉄砲伝来（一五四三年）後、城郭構造は大きく変貌した。鉄砲は日本でも直ちに製造可能となり、種子島《たねがしま》から日蓮宗僧侶の手により和泉《いずみ》堺にもたらされ、細川晴元《はるもと》を通じて足利義晴に献上されたことで畿内に伝わった。天文法華《てんぶんほっけ》の乱（一五三六年）で京を追放された日蓮宗僧侶は、鉄砲献上により還京を願ったのである（『本能寺文書』）。

鉄砲の実戦使用は一五四九（天文十八）年前後の足利義晴と三好長慶《ながよし》との戦争が最初だが、義晴が築いた山城（中尾城）は石垣を構え、礫《れき》（小石）を詰めた白壁をめぐらした。これは「鉄砲への備え」であると『万松院殿穴太記《ばんしょういんでんあのうき》』（義晴葬送の記録）に記されている。畿内近国では以降、砲撃戦が激化し、一五六二（永禄五）年の久米田《くめだ》の戦いでは、長慶の弟三好実休《じっきゅう》が根来衆《ねごろしゅう》の鉄砲隊の銃撃で死亡している。鉄砲による戦術・城郭の変化は、長篠《ながしの》合戦（一五七五年）のはるか以前から始まっていたのである。

家臣団統制の強化

兵農分離の進行は、包囲攻城戦の長期化に表れている。北条氏が籠城を金科玉条としたのは、上杉氏らの軍の兵農未分離（農事に必要な労働力までも徴発していた）をあて込んでのことだ。しかしさすがの小田原城も豊臣秀吉の長期包囲の前にはひとたまりもなかった。常備軍の組織化が進み、農事に無関係な兵力が増強されたからである。

以上のように、応仁の乱を挟んで、大名権力のあり方は明らかに変化している。戦国大名の強大化を一言でいえば、勝俣鎮夫氏によって規定された家臣団統制に尽きるであろう。応仁の乱前でいえば、畿内近国では守護は荘園制下の本所地侍《ほんじょじざむらい》を被官化できず、荘園領主を通じて「侍《さむらい》名字《みょうじ》の者」を注進してもらうしか把握のしようがなかった。乱後、荘園領主が後退してからは、大名は農民に対し直接、一律に軍役を徴発し得るようになった。そのことは主君との謁見儀礼にも表れている。一五五七（弘治《こうじ》三）年の毛利氏の例でいえば、正月元日は譜代、二日は一門衆と城下外様《とざま》、三日は残りの外様、一所衆《いっしょしゅう》、一戸衆《いっこしゅう》、十日は遠方《えんぽう》国衆《くにしゅう》の使者、といったように截然《せつぜん》と身分儀礼を異にしていた。これが家臣団統制の強化となり、ひいては兵農分離に貢献したのである。

さて最後に、戦国大名の出自（系譜）を具体例で見ていこう。

①は鎌倉期または南北朝期以来の守護または守護の後身で、今川・武田・土岐《とき》・六角・細川・大内・大友・島津らが挙げられる。

②は守護代の後身で、長尾（上杉）・朝倉・三好・尼子・織田・龍造寺ら諸氏。

③は①②でないもの、すなわち成り上がりで、伊達・北条・毛利ら諸氏であるが、北条氏は実は室町幕府政所執事《まんどころしつじ》伊勢氏の家柄で守護格、伊達氏も一五二二（大永《だいえい》二）年には幕府から守護に任じられている。

こう見てくると、諸大名のほとんどが守護か守護代であり、長尾（上杉）・三好・尼子・織田のように、天下を争った有力大名は守護代を起源とするということが知られる。それは、応仁の乱で斯波・細川・京極《きょうごく》らの守護が没落した結果であり、交通の要衝に城郭を構え、国家《くにが》老然《ろう》として領国を仕切る地位にあった守護代こそが、地方の実質的支配者となったことを反映しているのであろう。近年、学界で特に守護代の研究が進み、守護代＝戦国大名とのイメージが定着しつつあるのもその影響と思われる。

第3章

近世

大石学

女子の寺子屋。新年の稽古始めで晴れ着を着ている
（歌川豊国「風流てらこ吉書はじめけいこの図」公文教育研究会）

近世 関連年表

1600（慶長5） 関ヶ原の戦い
1603（慶長8） 徳川家康、征夷大将軍となる
1614（慶長19） 大坂冬の陣
1615（元和元） 大坂夏の陣（豊臣氏滅亡）。一国一城令、武家諸法度、禁中並公家諸法度
1616（元和2） 欧州船の寄港地を平戸・長崎に制限
1635（寛永12） 日本人の海外渡航・帰国禁止
1637（寛永14） 島原天草一揆
1685（貞享2） 綱吉、生類憐みの令（～1709）
1702（元禄15） 赤穂浪士、吉良義央を討つ
1709（宝永6） 新井白石の登用
1716（享保元） 吉宗、享保改革（～1745）
1721（享保6） 目安箱設置
1742（寛保2） 公事方御定書制定
1772（安永元） 田沼意次、老中となる
1778（安永7） ロシア船、蝦夷地に来航し通商を要求
1787（天明7） 松平定信、老中となる。寛政改革（～1793）
1825（文政8） 異国船打払令（無二念打払令）
1837（天保8） 大塩平八郎の乱
1841（天保12） 天保改革（～1843）
1842（天保13） 薪水給与令
1853（嘉永6） ペリー浦賀に、プチャーチン長崎に来航
1854（安政元） 日米和親条約。英・露とも和親条約（翌55年には蘭とも）
1858（安政5） 日米（蘭露英仏）修好通商条約。安政の大獄
1860（万延元） 桜田門外の変
1862（文久2） 坂下門外の変。和宮降嫁。生麦事件
1863（文久3） 攘夷決行。薩英戦争
1864（元治元） 第一次長州征討。四国艦隊、下関砲撃
1865（慶応元） 第二次長州征討宣言。条約勅許
1866（慶応2） 薩長連合。長州再征中止
1867（慶応3） 大政奉還、王政復古の大号令。小御所会議

近世は近代？

江戸時代は、徳川家康が征夷大将軍になった一六〇三年に始まり、王政復古《おうせいふっこ》が行われた一八六七年に終わった。そこに織田信長と豊臣秀吉の時代、いわゆる織豊期《しょくほうき》の三〇年を加えて「近世三〇〇年」という言い方をする。天下統一の流れで言えば、織田と豊臣がその過程であり、達成したのが徳川であった。

では、「近世」とはどういう時代だったかというと、「初めて日本列島規模の国家システムが出来上がった時代」と言っていい。江戸時代が始まった頃、日本の人口はおよそ三〇〇〇万人だったが、その一人ひとりが初めて幕府のもとに保護・管理されるようになった。たとえば、それまでは、いつ誰が外国に行き、いつ誰が外国から来たか、国家は把握できていなかったが、それができるようになった。同様に、国内の人口や家族、その移動・変化も把握できるようになった。また、古代においては天皇、貴族、寺社が、中世には武士が権力を握っていたが、江戸時代になると、天皇、公家、寺社、武士がすべて、幕府（将軍）のもと、ひとつの秩序・機構として編成されるようになった。つまり、列島全体にわたって統治《ガバナンス》が確立したのである。そういう意味で、近代性を獲得した時代だといえる。

通常、近代は一八六八年の明治維新からとされることが多い。前近代と近代の区切りを一八六八年に置くわけである。しかし、現在の日本社会の特質やシステムを考えると、明治維新よりも、戦国から江戸への変化のほうが重要である。つまり、近代は江戸時代に始まるというのが私の主張である。江戸時代に築かれたさまざまなシステムは、現代までつながっている。その意味で私は、江戸時代を初期近代《アーリーモダン》と考えている。「江戸時代イコール封建社会」という従来の見方からそろそろ脱却すべき時がきている。それを本章で説いていきたい。

◉論点1　大名や旗本は封建領主か、それとも官僚か

江戸時代を封建的ととらえる考え方によると、大名や旗本は強権的・強圧的な封建領主ということになる。大名は将軍と主従関係を結んだ一万石以上の武士であり、約二六〇〜三〇〇家あった。大名を頂点とする役所機構や役人組織、そしてその領地を藩と呼ぶ。

一方、将軍と主従関係を結んだ一万石未満の武士を旗本《はたもと》・御家人《ごけにん》と呼んだ。将軍に謁見《えっけん》

(御目見《おめみえ》)を許された者が旗本、許されない者が御家人である。

一七二二年(享保《きょうほう》七)の調査では、旗本五二〇五人、御家人一万七三九九人であり、彼らは江戸に住み、石高《こくだか》や能力に応じて役職に就いた。旗本や御家人が将軍から与えられた領地を知行所《ちぎょうしょ》というが、幕府から一年分の俸禄《ほうろく》を米で支給される場合もあり、これを禄米《ろくまい》、禄高《ろくだか》、給米《きゅうまい》などといった。

大名の家臣は、将軍と直接主従関係を結んでいないので陪臣《ばいしん》と呼ばれた。藩士の中にはごく稀に一万石以上のものがいたが、ほとんどの者は数百石から数十石までの知行所をもちながら藩から俸禄を支給される蔵米取《くらまいど》りであった。

これら武士たちは、全体的に見ると、近世を通じて知行所支配(知行取り)から給米取り(サラリー支給)へと変化していった。このことは、彼らが知行所で農民に恣意《しい》的・抑圧的な支配を行っていた、とする従来の見方に再考を迫るものである。

さて、徳川幕府が日本を一つの国家として編成する過程で、大名など武士の権限はかなりの部分制限されていった。戦国時代、大名らは、戦《いくさ》が起これば自由に兵を動員でき、城も自分で判断して築造した。しかし、近世になると大名らは独自の判断で出兵したり、武力を行使することを禁止される。一六一五年(慶長《けいちょう》二十)には「一国一城令《いっこくいちじょうれい》」が発布され、居城以外の城は壊され、残された居城も、参勤交代で一年おきに領地で生活するための別荘、あるいは藩領統治のための事務所になってしまう。

「一所懸命」はもう古い?

そもそも、近世において、大名と領地の関係は希薄である。土地は幕府(将軍)から安堵《あんど》されるものであり、大大名の島津や上杉も、幕府に認められて初めてその土地を治めることができた。したがって、藩主といえども、幕府の命令一つで別の土地に転封《てんぽう》され、それまで治めていた土地を将軍に返さなくてはならない。

また、将軍が代替わりすれば、そのたびに藩主は朱印状《しゅいんじょう》の発行を受けて、領地の支配を確認した。もし、一揆《いっき》などトラブルや不始末があると、それは大名の責任とされた。つまり、大名はあくまでも領地を預けられたのであり、彼らは幕府に任命された行政官的・官僚的役割を果たしたのである。

さて、大名の領地の変更である転封は、特に江戸前期、頻繁に行われた。大名たちが転封によって新しい領地に移ると、まず何をするか。自分の好きなように年貢を取り立てたり、法律(法度《はっと》)を押しつけたりするのではなく、まず前任の大名がどのように領民を支配していたか、調査をした。前任の大名の支配を踏襲しないと、農民との合意が成り立たないからである。農民が反発し、一揆でも起きようものなら、取り潰されるのは大名のほうであった。

たとえば、上野国《こうずけのくに》沼田藩（群馬県沼田市）真田家は、一六八一年（天和《てんな》元）十一月、江戸両国橋の御用材納入の遅延を理由に藩主・真田信利が改易となり、山形城主奥平氏に預けられ、沼田城は破却された。このさい、杉木茂左衛門（磔《はりつけ》茂左衛門）と松井市兵衛二人の農民直訴事件がかかわったと言われる（大石学編『近世藩制・藩校大事典』）。

また、美濃国郡上《ぐじょう》藩（岐阜県郡上八幡市）金森《かなもり》家は、一七五八年（宝暦《ほうれき》八）年貢増徴に反対する百姓一揆と、石徹白《いとしろ》の白山中居神社《はくさんちゅうきょ》社人の内紛のために失政を問われ、金森頼錦《よりかね》が改易された（同書）。

しかも、大名自身は参勤交代で、毎年江戸と領地を往復するので、なかなか腰を落ちつけて領地経営ができない。そこで従来のやり方を踏襲する、前例主義を採用するのである。さらに、年貢を増加したい時も、周りの藩から突出すると、やはり農民に責められるので、横並びも意識しなくてはいけない。「前例主義」と「横並び主義」、大名は一見領主として威張っているようだが、御家断絶を避けるため、できるかぎり個性や独自性を弱め、官僚化していったのである。

江戸がだんだん好きになる

参勤交代で江戸と領地を往復する大名たちはだんだん領地に帰らなくなる。参勤交代については、これまで莫大な費用を使わせ、藩を疲弊させることにより、幕府に反抗させないことを目的に実施した、と説明されてきた。では、大名たちは、領地が好きで江戸に行くのが苦痛だったかというと、実態はむしろ逆で、江戸生まれ江戸育ちの彼らは、領国に行きたがらない者たちが多かった。妻をもらうのも江戸なら、友達のネットワークや、所属する文化サロンがあるのも江戸。国に帰れば、由緒や伝統にもとづく作法やしきたりを押しつける国《くに》家老《がろう》らが待っている。藩主たちは国元に帰る時期になると病気などと称して江戸に居座ったのである。

大名も旗本も領地ではお殿様であるが、みな江戸に集住しており、言ってみれば江戸城に勤務するサラリーマンに近い。たとえば、元禄赤穂事件に関して、歌舞伎などでは、吉良《きら》上野介《こうずけのすけ》(吉良義央《よしなか》)が浅野内匠頭《あさのたくみのかみ》(浅野長矩《ながのり》)を田舎者とばかにするが、浅野長矩は江戸生まれ江戸育ちのシティボーイだった。また、幕末の会津藩主松平容保《かたもり》は、美濃高須藩の六男坊に生まれ、数え十二の歳で会津藩主容敬《かたたか》の養子となった(この時代、養子縁組は非常に多かった)が、彼は岐阜県から福島県に引っ越したわけではない。なんのことはない、江戸の高須藩邸から会津藩邸に移っただけ。現在の地名でいえば、四谷から丸の内への引越しにすぎなかった。

明治維新期、全国の藩主たちは、明治政府に土地と人民を何の抵抗もせず返上したが、これは、江戸二六〇年を通じて、在地性のない大名が増えていたからこそ可能であった。そのような彼らを、「封建領主」といえるか。大名像をいま一度見直さなければいけない。

藩主はなくとも藩は育つ

国元に藩主がいない間、藩の経営はどのように行われたか。結論から言えば、藩主がいなくても何ら支障はなかった。大名が国元に帰らなくても、あるいは病弱でも幼くても、藩官僚、すなわち国家老以下の家臣たちに任せておけばよかったのである。

たとえば幕末の長州藩主である毛利《もうり》敬親《たかちか》は、家柄にこだわらず若く有能な藩士（吉田松陰など）を抜擢したことで知られるが、彼ら藩士の献策に対して、いつも「そうせい、そうせい（そのようにせよ）」と答えたために「ソウセイ侯」とあだ名された。

さまざまな来日外国人の記録には、次のようなことが記されている。すなわち、日本の国政の主導権は誰が握っているか、彼らは慎重に観察している。これらによれば、まず天皇も将軍も政治の決定権がない、大老や老中など官僚トップも単独では決められない。むしろ実権は、奉行たち中下級官僚がもっているという。近世において、将軍や大名など政治権力のトップは、徐々にリーダーシップを失い、その一方で、実務官僚の力が強くなった（これを、責任主体の喪失と見れば、いまの日本的体質はまさにこの時代にできあがったと言ってもいい）。

さきほど、大名や旗本は江戸城勤務のサラリーマンと述べたが、領地にいなくても年貢を徴収したり、裁判を行うシステムが確立していた。大名や藩士のサラリーの源泉は領地であり、行政に必要な費用は知行地からの年貢があてられた。したがって、年貢徴収は、藩の最重要課題であった。

江戸は、戦後に見直された？

これまで述べてきた大名・旗本像の見直しが行われたのは、高度経済成長期以後のことであった。それまでの「戦後歴史学」は、マルクス主義・唯物史観のもと、江戸の農民を中世封建制下の「農奴《のうど》」と位置づけてきた。農奴とは、土地に対する排他的権利を認められているものの、一方で土地を離れることはできない、身分変更ができない存在のこと。マルクスは、江戸時代社会を土地に緊縛された典型的な封建社会と規定したのである。

こうした歴史観のもと、戦後民主主義が克服すべき日本封建制の母胎・温床として江戸時代の農村史研究が活発化した。しかし、その後、高度経済成長が始まり、農村の都市化が進むにつれ、都市への関心が高まり、江戸をはじめとする都市研究が盛んになった。こうした研究の進展とともに、江戸時代庶民の地域や身分流動的側面が明らかにされてきた。たとえば、農家の二男坊や三男坊は江戸など都市に出て町人になる、町人はお金を稼いで侍株を買い侍になる。養子縁組も頻繁で、農家の子が武士の家に養子に入ることもあった。侍がいやで俳諧師や画家・医者・学者になる者もいた。

つまり、身分としての「家」はしっかり固定されていたものの、「家」のなかの個人は比較的自由だったのだ。武家や農家は、いつまでたっても武家や農家であったが、それは家の話であり、個人の話ではない。江戸時代は、すでに個人レベルにおいて身分間移動、地域間移動が行われる流動的《フレキシブル》な社会だったのである。

◉論点2　江戸時代の首都は京都か、江戸か

日本の現在の首都は東京である。これには誰も異論を挟まないだろう。かつて日本の首都は京都にあった。これも異論はないだろう。では、いつ首都は西から東に移ったのか。多くの人は、明治維新のときと答えるはずだ。たしかに、江戸が東京に改称したのが一八六八年九月三日（旧暦では慶応《けいおう》四年七月十七日）、慶応から明治に改元したのは十月二十三日であり、十一月二十六日には天皇が東京入りしている。

ところがここには問題が二つある。まず、東京を首都とする法的根拠は今に至るまで存在

しないこと。そしてより重要なことは、江戸時代の京都を首都と言い得るか疑わしいことである。

天皇のいるところが首都、つまり江戸時代の首都は京都である――という反論が聞こえてきそうだ。しかし、「首都」の定義をあらためて調べてみると、特に「天皇のいるところ」とは書いていない。社会学や政治学、地理学などの定義では、首都を「その国の内政外交の中心」とするのが一般的だ。すると、江戸時代の首都は、本当に京都か、という本格的な疑問が強まってくる。

江戸首都論

この「首都問題」に関して、私は「江戸首都論」を主張している。かつて私が「江戸首都論」を提起した際、戦国時代の研究者から「江戸が首都宣言したのを聞いたことがない」と言われ、明治維新の研究者からは「明治期に東京奠都《てんと》（都を定めること）があって初めて首都は京都から東京に移った」と批判された。しかし江戸時代、内政・外交の中心は、間違いなく江戸であった。朝鮮からの通信使も、京都を素通りして江戸にやってきた。琉球からの信使も江戸に来た。ペリーもハリスも江戸に向かっている。江戸時代を通して、来日した多くの外国人たちが残した資料においても、江戸を「首都」としている。

さて、江戸前期においては、京坂すなわち上方《かみがた》が、文化・経済ともに江戸より優勢であった。ところが、元禄《げんろく》年間（一六八八～一七〇四年）頃から江戸が文化の発信地となり、出版やファッションが活発化する。その後、一八世紀後半、田沼意次《たぬまおきつぐ》が老中として幕政を主導する「田沼時代」（一七六七～八六年）前後には文化の中心が京都から江戸に移った。この頃、「江戸っ子」「大江戸」などの語が成立する。江戸時代を通じて、文化経済の中心が西から東へ移り、京都に対する江戸の人々の自信も確立する。

この過程で、八代将軍吉宗（一六八四～一七五一）は、江戸を「国都」と表現し、江戸は三代将軍家光の時代まではさびしかったが、参勤交代が始まって以後「国都」としての容貌を呈するに至った、と述べている。

また幕末期、勝海舟は西郷隆盛との会見で「大政奉還したからには、元一五代将軍徳川慶喜は、皇国の首都江戸で一戦を交えることなど考えていない」と告げている。結局、明治新政府は、江戸の首都機能をそっくり引き継ぐことになった。明治政府の最大派閥は、薩摩派でも長州派でもなく、旧幕府官僚派であった。彼らの能力を引き継がなければ明治政府はスタートできなかった。薩長がキャップになっても、実務は旧幕府官僚が支えたのである。近代東京の一極集中は江戸の一極集中を受け継いだものであり、藩邸は役所に、各地の城下町はそのまま県庁所在地になった。江戸（近世）の国家構造・社会構造が、そのまま東京（近代）に受け継がれたのである。

平成の首都機能移転論

さて、「江戸首都論」は、いまだ教科書や概説書などには記されていない。定説は、「政治の中心江戸、経済の中心大坂、権威の中心京都」という「三都論」である。

研究者によっては、「首都は近代国家の産物であり、前近代の江戸時代に首都は存在しない」と言う者もいる。近代国民国家ができて初めて首都ができる、という意見である。しかし、本章の冒頭で述べたように、私は近代的な国民国家は江戸時代を通して形成されたと考えているので、この見解においても、江戸首都論は成立する。

ところで、私が著書『首都江戸の誕生』（二〇〇二年）を出したのは、ちょうど首都機能移転が話題となり、一段落したころであった。嚆矢《こうし》となったのは一九九〇年の国会決議。このとき「国会等の移転に関する決議」が議決されている。さらに、一九九九年十二月には国会の移転候補地が、「栃木」と「岐阜」に絞られた。栃木の那須では当時大企業が土地を買い占めているといわれ、岐阜東部の東濃《とうのう》には「東京から東濃へ」のスローガンが掲示板に躍った。

一方、同年四月の東京都知事選挙に立候補した石原慎太郎は、「首都移転にＮＯ」という公約を掲げて圧勝し、バブル崩壊後の経済停滞とともに、首都機能移転の議論は、急速に鎮静化していった。石原都知事は「首都機能を移転するというなら、皇居はどうするのか」とも言っている。だが、江戸首都論の立場からは、皇居が東京にあり、首都が別の都市にあっても問題はない。首都は、天皇がいるところではなく、あくまで内政外交の中心というのが国際標準《グローバルスタンダード》なのである。

◉論点3　日本は鎖国によって閉ざされていた、は本当か

内政外交の中心である首都江戸について見てきた。次に、近世の外交体制を見ることにしたい。

先に述べたが、江戸時代以前はいつ誰が外国に行き、帰ってきたか、国・政府が把握することはなかった。東アジア海域では、「倭寇《わこう》」が海賊行為や私貿易を行い（豊臣秀吉の取り締まりで姿を消した）、フィリピンのルソン島との貿易によって莫大な財を成した大坂・堺の豪商呂宋《ルソン》（納屋）助左衛門《すけざえもん》（一五六五？～？）のような人物もいた。

それが、一六一六年、明《みん》の船を除いて、外国船の入港は平戸港と長崎港に限定された。さ

らに一六三一年には、奉書船《ほうしょせん》制度が始まる。これは当時、海外交易に使っていた朱印船に、将軍が発行する朱印状と、老中が発行する奉書（許可証）の携行を課す制度である。一六三三年、奉書船以外の渡航を禁じる第一次鎖国令を発布。このとき、海外に五年以上住んでいる日本人の帰国も禁じられた。その後、外国船の入港は長崎のみとされ、島原天草一揆（島原の乱）を経て、ポルトガル船の入港を禁止した。一六七三年、イギリスとの交易を断つと（リターン号事件）、ヨーロッパで日本と通商するのはオランダのみになった。一般的に、長崎でオランダと中国とのみ交易し、対馬藩を媒介に朝鮮とのみ国交を結ぶなどした近世の外交体制を「鎖国」という。

「四つの口」から「八つの口」に

さて、こうした近世の外交体制を、近年「四つの口」と言うようになった。つまり、外国に対して四つの窓口――長崎口、対馬口、薩摩口、松前口《まつまえ》――の外交ルートがあったと理解するのである。「鎖国」というと外国との交流を完全にシャットアウトしたような印象を与えるが、それは実態と異なる誤ったイメージだ。

では、「四つの口」を概観してみる。

一つめは長崎口。幕府直轄のもと、オランダや中国との貿易港として使われた。

二つめは対馬口。対馬藩を媒介に、朝鮮と国交・貿易が展開された。当時、釜山《プサン》には倭館（日本人居留地）があり、対馬の人々が数百人勤務した。

三つめは薩摩口（琉球口）。薩摩藩を媒介に、琉球王国、さらにはその背後の中国・東南アジア諸国との交易が行われていた。

四つめが松前口（蝦夷《えぞ》口）。蝦夷地の松前藩を媒介に、アイヌと北方貿易を行い、松前藩は財政を、ほぼその収益で賄《まかな》っていた。

こうした「四つの口」体制は、一八世紀末になると動揺する。一七九二年（寛政四）ロシア使節ラクスマンは、漂流民大黒屋光太夫《だいこくやこうだゆう》らを護送し、根室に来航して通商を求めた。一八〇四年（文化《ぶんか》元）には、同じくロシアの遣日使節レザノフが、漂流民津太夫《つだゆう》らを伴い長崎に来航し、重ねて通商を求めた。

また、一八〇八年（文化五）には、イギリス軍艦フェートン号がオランダ船をとらえるために長崎湾に侵入し、オランダ商館員をとらえたうえで、薪水《しんすい》・食糧などを得て退去する事件が起きた。長崎奉行の松平康英《やすひで》は責任をとって自殺し、警備当番だった肥前藩主の鍋島斉直《なべしまなりなお》も逼塞《ひっそく》を命じられた。以後もイギリス船の来航が続き、ついには幕府は、一八二五年（文政八）異国船打払令（無二念打払令）を出した。

さらに一八三七年（天保八）、アメリカ商船のモリソン号が、日本人漂流民七名の送還を兼ね、貿易交渉のために浦賀に来航したが、異国船打払令によって砲撃され、その後鹿児島湾に入港しようとして、再度砲撃された。

しかし、一八五三年（嘉永《かえい》六）、アメリカ東インド艦隊司令長官ペリーが来航し、ついに翌年三月三日、日米和親条約を締結した。まさに「西欧の衝撃《ウエスタン・インパクト》」であり、二五〇年続いた「徳川の平和《パクス・トクガワーナ》」を根底から揺るがすものであった。

一八五六年（安政《あんせい》三）、アメリカ総領事ハリスが、日米和親条約にもとづき、伊豆下田（静岡県）に上陸し、翌年には修好通商条約の締結を幕府に要求した。老中首座の堀田正睦《ほったまさよし》は、朝廷に修好通商条約を締結すべき旨を伝え、大名たちにその可否を諮問《しもん》した。国論は「開国論」と「攘夷論」に二分されたが、一八五八年、井伊直弼が大老に就任すると、彼は勅許を得ずに、神奈川沖のアメリカ軍艦ポータハン号船上において、ハリスと同条約に調印した。内容は、和親条約で開港した下田・箱館（函館）二港に続けて、神奈川（横浜）、長崎、新潟、兵庫（神戸）の四港を開港する一方、下田を鎖港し、計五港で自由貿易を行うというものであった。しかし修好通商条約は、領事裁判権の規定、関税自主権の否定、片務的な最恵国待遇など、不平等な内容を含んでいた。

修好通商条約は、オランダ、ロシア、イギリス、フランスとも締結され、「安政五ヵ国条約」と総称された。しかし、「安政五ヵ国条約」は、勅許を得なかったため、井伊直弼への批判が強まり、攘夷論と尊王論が接近し、尊王攘夷論が高まった。実はこの「開国」には、トリックがあった。新たに開いた箱館、横浜、新潟、神戸はいずれも幕府の直轄領であった。外国商人たちからは、結局幕府の管理下の港ばかりで交易させられる。自由貿易というなら薩摩や土佐など諸藩とも自由に貿易させるべきという不満が起きた。

鎖国から開国へ、といっても「ゼロから百」ではなく、「四港から八港」になったのが実態だったのである。すなわち、「鎖国」の延長であった。鎖国の閉鎖性のイメージは、明治政府が作り上げたものだ。明治維新を成し遂げて、新政府が海外に目を向けたとき、世界各地はすでに西欧列強の植民地になっていた。近代化に自信をつけつつあった彼らは、チャンスを逃したと思ったのである。「徳川幕府はなんと愚かな政策を行ったのか。鎖国していたからヨーロッパに遅れたのだ」と。そこで鎖国政策に愚策のレッテルを貼り、それが現在まで尾を引いているのである。

しかし、考えればおかしなものだ。今日、海外に行くにはパスポートが必要であり、出入国は国家に厳重管理されている。どこかの国や地域で戦争が起これば渡航は制限され、感染力の強い病気が流行すれば帰国は許されなくなるかもしれない。出入国管理の一番厳しい形が鎖国なのである。国家が国民を管理する外交体制を近代というならば、近世国家は十分に近代性を備えていたといえるのである。

イソップ物語を読んでいた江戸っ子たち

近代の「開国」とは、近世「鎖国」体制の延長にすぎない、と先述した。江戸時代は、鎖国イメージもあって、「純粋日本人」のイメージで語る人がいる。しかし、江戸時代が「純粋日本人社会」だったかと言うと、そのようなことはない。

まず、朝鮮系の人々が住んでいた。もともと彼らの多くは、朝鮮の官僚、学者、技術者などであり、豊臣秀吉の朝鮮侵略の際、日本に強制的に連れてこられたのである。その後、朝鮮人の子孫が絶えると、その家に日本人が養子で入り、存続させる。名字が珍しいと日常会話の種にもなった。他に、江戸時代には、アイヌや琉球の人たちも列島社会に居住していた。

西洋の文物も、幕府許可のもと、ある程度入ってきた。江戸の人々は、「イソップ物語」(伊曽保《いそほ》物語)を読み、キリスト教の知識もあった。幕末期、アメリカに密航する上野安中《あんなか》藩の新島襄《にいじまじょう》は、若い頃友人からキリスト教の翻訳書を借りて勉強した。彼は、これらの本を読んでキリスト教に興味をもち、渡米を決意する。その後、箱館での潜伏を経て、国禁を犯し渡米するが、なんとアメリカで、国元(上野安中藩領)の実家と手紙を交わしている。幕府が倒れたこともアメリカにいながら知っており、帰国した際に、禁を犯した彼を家族が追い払うこともなかった。

今日、長崎には仏教の戒名とともに「パウロ」などの聖名が刻まれている墓がある。弾圧は厳しかったが、隠れ（潜伏）キリシタンたちが異文化を伝えていた。平賀源内が蘭画を描き、蘭方医もいた。キリスト教の知識や教養、それに付随する外国文化に、江戸の人々は触れる機会があったのである。

長崎にはオランダ商館長がいる出島があり、中国商人たちが活動する唐人屋敷もあった。吉田松陰や坂本龍馬は長崎で外国人と会っていた。長州からは、伊藤博文や井上薫ら「長州五傑《ファイブ》」がロンドンに留学した。諸外国から日本に入ってくる文物については、検閲を受けたが、庶民は貪欲にこれを求めた。将軍の侍医は漢方医が占めていたが、やがて蘭方医が加わる。江戸社会にはそうした幅があった。明治維新で開放されたのではなく、リアル江戸は、外国文化もとり入れていた。

◉論点4　江戸は「大きな政府」か、「小さな政府」か

次は内政について見たい。

江戸時代の農民の税金である「年貢」について、どのような印象を抱いているだろうか。

重い年貢が課され、苦しんだ農民は一揆を起こし……というイメージが一般的かもしれない。

しかし、年貢の大部分は行政に費やされる。たとえ重い年貢を取られても、それが武士の私的財産になるのではなく、社会に還元されればいいのである。反対に、たとえ年貢が軽くても自助努力を強いる社会であったら弱者は生きていけない。前者が高負担高福祉の「大きな政府」とすれば、後者は低負担低福祉の「小さな政府」である。では、江戸幕府はどちらであったか。

江戸幕府の基本にあるのは「仁政《じんせい》」。つまり、民衆をいたわり、慈悲の心をもって接することで、弱者救済を心がける「大きな政府」が基本であった。常にセーフティネットを整備し、護送船団方式で弱者を守るという考え方である。そのためには、当然多くの役人、すなわち武士を抱え、税金（年貢）も多く取る。法度（規制）も増える。実は、そのようにして社会の隅々に目配りする将軍や大名が「名君」とされた。年貢が重いイコール苛斂誅求《かれんちゅうきゅう》、ということではなく国家機能・公共機能を維持・拡大するために必要な財源だったのである。

田沼意次 vs.松平定信

では、江戸幕府は全時期を通して「大きな政府」だったのか。必ずしもそうとも言い切れない。

たとえば、五代将軍綱吉の元禄時代（一六八八～一七〇四年）を見てみよう。井原西鶴が『日本永代蔵』を世に出し、松尾芭蕉が「奥の細道」の旅に出かけ、浅野内匠頭が吉良上野介を切りつけた時代である。この時代、柳沢吉保、荻原重秀《おぎわらしげひで》、新井白石らが登場する。

元禄時代の約三〇年間は、「小さな政府」の経済政策がとられた。この時代、綱吉の側用人として権勢を誇った柳沢吉保と経済官僚荻原重秀は、経済活性化に向けて積極政策を展開した。荻原は、一六九六年（元禄九）勘定奉行となり、劣悪な貨幣を大量に市場に流し経済を活性化させた。新しい経済発展の波に乗り、三井、住友、鴻池《こうのいけ》などの、庶民を対象とする新しいタイプの商人たちが成長した。市場原理が働き、米価は下がり、諸物価は高騰した。

柳沢と荻原の政策を批判し、修正したのが新井白石の「正徳《しょうとく》の治《ち》」である。白石は六代将軍家宣と七代家継のブレーンとして幕政にかかわり、貨幣改良によるデフレ政策、海舶互《かいはくご》市新例《ししんれい》による貿易制限など、倹約にもとづく財政緊縮策を展開した。

以後、八代将軍吉宗の享保改革を通して「大きな政府」の政策が続くが、一〇代将軍家治に取り立てられて老中となった田沼意次が、再び「小さな政府」へと舵を切る。賄賂《わいろ》まみれの金権政治と批判されるが、田沼時代（一七六七～八六年）の政策によって経済は活性化した。具体的には、広く同業者組合に販売権を与え冥加金《みょうがきん》・上納金を納めさせる「株仲間」結成の奨励、新貨幣の鋳造、鉱山開発などを手掛けている。また、蘭学を保護し、海外文化を積極的に輸入した。蘭学者の杉田玄白と前野良沢は、『解体新書』（一七七四年）を完成させ、彼らの弟子の大槻玄沢は蘭学塾を開いている。

ところが田沼は、商業資本への手厚い保護が、癒着を招き批判を受けた。また、明和《めいわ》の大火（一七七二年）や浅間山噴火（一七八三年、天明《てんめい》の大噴火）、一七八二年に始まる天明大飢饉が社会不安を深刻化させ、田沼は失脚させられた。

そこに現れたのが、譜代派大名の松平定信である。将軍家治が死去し、田沼が失脚すると、一七八七年に老中として「大きな政府」を目ざす寛政改革を断行した。

定信は、田沼の重商主義政策を批判し、財政再建のために緊縮政策を展開し、物価調整のために市場介入した。その一方で、飢饉にそなえて、諸藩に穀物の備蓄（囲米《かこいまい》）を命じ、町ごとに下層民救済のための基金（七分積金《しちぶつみきん》）を創設したりしている。

しかし、定信の政治は性急すぎるとして支持を失っていく。だが、江戸時代、「小さな政府」と「大きな政府」が交互に試みられていることは見逃せない。

揺り戻しの三大改革

近世の政治を見る指標として、貨幣がある。規制を緩和し経済を活性化する「小さな政府」は、貨幣の質を落とし、流通量を拡大し、市場を活性化させる。元禄時代、荻原重秀は貨幣の質を落としてバブルを招いた。田沼意次は南鐐二朱銀《なんりょうにしゅぎん》を造るなどして流通を活発化した。南鐐二朱銀は、「二朱」という金貨名目の銀貨であり、この銀貨八枚で金一両と交換することにした。これは、江戸時代前期から、江戸市場は「金建て」、京・大坂上方市場は「銀建て」という二元市場を統合する貨幣として注目されている。寛政改革と天保改革の間に位置する文化文政年間（一八〇四～三〇年）にも改鋳が重ねられた。

ところが、当然のことながら、商人はいい貨幣は持ちたいが悪い貨幣は持ちたくない。それに対処したのが、享保改革、寛政改革、天保改革の三大改革である。

享保改革（一七一六～四五年）は、将軍吉宗が主導した「大きな政府」を志向する財政改革・緊縮政治である。このために、年貢増徴、官僚制整備、国家機能・公共機能の拡大政策を実施した。

また、天保改革（一八四一～四三年）も、老中水野忠邦が主導した「大きな政府」を目指す政治であった。年貢増徴、文化・出版統制など厳しい規制が打ち出されたが、社会の不満と江戸周辺の幕領化をねらう上知令《あげち》への批判が高まり、水野は失脚した。

将軍vs.御三家筆頭

「大きな政府」と「小さな政府」をめぐる議論は幕府と藩を超えて展開したが、将軍と御三家筆頭の尾張藩主が真っ向から対立する事件が起きた。八代将軍吉宗と七代尾張藩主徳川宗《むね》春《はる》（一六九六～一七六四）の対立である。宗春は「小さな政府」派で、庶民は上から統制しないほうが能力を発揮し、創意工夫をする、そうした環境を作ることが善政なのだという考え方を前面に押し出し、当時享保改革を推進していた吉宗の、庶民は放っておけば怠けるのでしっかり統制しなければならないとの考え方を厳しく批判した。宗春の減税、芝居小屋や遊郭の規制緩和、経済発展に沸く名古屋は、「三都」に次ぐ地位を確立した。宗春は市場原理も評価した。米にせよ味噌にせよ、ほしいと思う人が増えれば価格は高くなり、たくさん作れば安くなる。「価格は人為的に決まるものではなく、天が決める」との言葉も残している（『温知政要』）。

当時の庶民は、今の将軍は、年貢を搾り取る吉宗ではなく宗春だ、尾張こそ経済を活性化する理想的な政治家だ、と宗春を讃えた。一方、吉宗は、今でこそ名君扱いをされているが、当時は評判が悪く一揆も起こった。しかし、吉宗の反撃により、宗春は吉宗に敗れ、謹慎処分を受けることになった。自らの政治を批判され、宗春人気の高まりに不安を感じた吉宗の厳しい処置であった。

享保期に将軍と大名の間で、政策論争、経済論争が行われたことは注目される。

江戸期を通じて育った経済官僚

「大きな政府」と「小さな政府」の対立は、諸藩においても見られた。「名君」の多くは、「大きな政府」のもと、秩序を回復し、財政再建した。たとえば、米沢藩の上杉鷹山《ようざん》は、特産物を作り、破綻寸前であった藩の財政を再建した。このように自藩の特性を見極め、藩を豊かにするのが「名君」や経済官僚の仕事であった。「大きな政府」と「小さな政府」の揺り戻しを経験しながら、官僚たちを中心に国家の足腰は鍛えられていったのである。

◉論点5　江戸の社会は家柄重視か、実力主義か

近世社会の基礎単位は「家」である。公家社会では天皇との関係によって家の格が決められることが多かったが、武家社会では、忠誠心や論功がものを言った。

徳川家がまだ土豪《どごう》松平家の時代から、主家に忠誠を尽くした家の中には、戦場で主君に代わって命を落とした者もいた。そうした家の子孫は、家康が江戸幕府を開くと、譜代大名や有力旗本となって領地を与えられ、重要なポストに就任した。これが家格制・石高制にもとづく江戸の官僚制である。

前例破りは、刃傷沙汰を招く？

石高が上位の大名や旗本は、江戸城登城の際、身なりを整え、家臣を多数連れ、役職に応じたさまざまな出費もあった。その分サラリーとして禄高（領地）をもらう。家格制はそのように整備された。

百万石の加賀藩を頂点に、数十万石の大大名がおり、ピラミッド型のヒエラルキーが形成される。しかし、ピラミッドの上部は家数・人数が少ないことから、優秀な人材も少ない。優秀な世継ぎや人材は、ピラミッドの下部から抜擢する必要がある。具体的には養子をとるのである。たとえば、勘定奉行や町奉行などに就任する家格の「家」の子どもでも、できが悪ければ他家の優秀な子を養子とした。そうしなければ、その家が担う役職を務めきれない。こうして江戸時代には養子縁組が盛んに行われるようになった。

また、その家にふさわしいポストを務めるためのマニュアルが代々家で作成され伝えられた。マニュアルをもとに職務を務めるわけであるが、そのことに由来する有名なトラブルが、浅野内匠頭と吉良上野介の赤穂事件であった。巷間《こうかん》、原因は勅使《ちょくし》饗応役《きょうおうやく》の浅野が、指南役の高家《こうけ》吉良上野介に謝礼を渡さなかったといわれる。当時の政治風土として、浅野が謝礼を出さなかったとしたら、吉良が指南しなかったのは当然といえる。今日に至るまで、歌舞伎や時代劇では吉良は悪役だが、浅野の慣例軽視こそ問われるべきであろう。代々吉良家に伝えられたマニュアルは、貴重な財産なのである。

足高の制と公文書システム

ところが、マニュアルの家伝システムは八代将軍吉宗の時代に変化する。一七二三年（享保八）、吉宗は「足高《たしだか》の制」を導入した。これは、家格は低いが有能な人材を要職につけたい場合、石高を足してその任に当たらせる制度である。石高を足せば職務に必要な家臣を揃え、衣服を整え、同僚とのつきあいができるようになる。しかも、「足し高」は個人に与える一代限りのものであり、家に与えるものではない、これは近代の官僚制に近い。

しかし、石高を加増され、新しいポストに就いても、マニュアルがなければ仕事はできない。そこで、ポスト就任の翌日から仕事ができるよう、幕府は新たに公文書システムを整備したのである。吉宗は、江戸城内に散在している公文書を、整理しリスト化した。これは全一〇万点近いボリュームとなり、それらを分類整理したことにより、官僚たちの仕事の効率はぐんとよくなった。それまで家伝の経験と知識で処理されていた業務が、公文書によって迅速に処理されるようになったのである。

こうした行政システムの整備は、近代官僚制の前提と見なせるが、その官僚制を機能させたのが、吉宗が実施した公文書システムと足高の制による人材抜擢である。この結果、江戸城内に蓄積される巨大な近世行政アーカイブは、明治新政府に引き継がれたのである。近世行政システムの歴史は、享保改革の以前と以後で、大きく分けられるのである。

この時期、吉宗のブレーン荻生徂徠《おぎゅうそらい》は、文書はできるだけ漢文体で書くべきと言っている。かなの崩し字は書く人によって癖が出て読みにくい、漢字は四角張っていて個性が出にくい、だから、文体が簡潔で誰が書いても同じようになる漢文体で書くべし、というわけである。公文書に個性はいらないと徂徠は言ったのであるが、この考えは、今日のパソコン文書とも共通する。江戸は思想の上からも、近代官僚制のスタートと言ってよい。

「よしの冊子」に書かれた肉声

足高の制が採用されたからといって、大名や家老など家格の高い家々が一掃されたわけではない。彼らは、依然として最終的な決定権を保持し、有能な官僚たちが立案・作成した文書に署名・捺印していた。

寛政改革を主導した松平定信の家臣水野為長《ためなが》が、若い定信のために隠密を使って集めた種々の情報をまとめた風聞書「よしの冊子《ぞうし》」に、次のような話が記されている。

一七九〇年（寛政二）、幕府公文書を保管する江戸城の蔵や櫓《やぐら》がいっぱいになったため、その処分を相談した。まず、公文書担当の役人たちは、重複したり不用になった文書を処分することを提案した。焼いたり埋めたりするのは、紙がもったいないので漉《す》き返して再利用することにした。しかし、その作業を民間に依頼すると、幕府の最高機密が漏洩するおそれがある。また、無宿《むしゅく》人《にん》たちの社会更生施設の石川島人足寄場《いしかわじまにんそくよせば》に請け負わせても、彼らはやがて社会に戻るので秘密は漏れる、ならば、公文書の重要な部分に墨を塗ろう、しかしそれは大変な手間だ。では細かくちぎろう、いやそうすると紙漉きの作業がやりにくくなる――など公文書の廃棄をめぐって議論が重ねられている。江戸時代の官僚たちは、すでに公文書の作成・保管・廃棄に大いに頭を悩ませていたのである。

しかし、他方において、公文書担当者の嘆きも記されている。「公文書管理の仕事は、陰の奉公で張り合いもなく、よくやっていると褒められることもないので、やりがいがない」というのである。彼らは「反古《ほご》しらべ」とあだ名を付けられ、上司に会う機会もなく昇進もままならないとも嘆いている。官僚制と公文書は、江戸時代の近代性の象徴だが、「よしの冊子」はこうした現場の肉声も伝えていて面白い。

◉論点6　「平和」の土台は武力か、教育か

すでに述べたように、一世紀続いた戦国時代は、一六世紀末、豊臣秀吉が「惣無事令《そうぶじれい》」を出し、諸大名がこれを受け入れたことで、事実上終わりを告げた。これを引き継いだ徳川幕府は、法度違反などを理由に、改易（取り潰し）や減封（領地削減）などを行った。三代将軍家光の時代までのこうした武力を背景とする強引な政治を「武断《ぶだん》政治」と呼ぶ。しかし、この結果、多くの大名たちが取り潰され、浪人が社会にあふれるようになった

そしてついには、一六五一年に兵学者の由井正雪《ゆいしょうせつ》が浪人たちを糾合《きゅうごう》して幕府転覆を画策する「由井正雪の乱」（慶安事件）が勃発した。これに衝撃を受けた幕府は、四代将軍家綱の時代から、儒学の普及・教育によって「平和」を目指す「文治《ぶんち》政治」に転換した。君臣父子の別を知り、下の者は上に従うべし、という秩序形成を第一とする政治である。文治政治は法と文書によって基礎づけられた政治体制であった。

こうして、武力で物事を解決する時代から、法と文書で解決する時代へと移行したのである。この移行にともない、文書を管理する官僚が必要となり、法の理解が民衆に求められる

ようになる。その基礎となるのは読み書きリテラシーであり、教育であった。この教育こそが初期近代《アーリーモダン》たる江戸時代を作り上げたのである。

兵農分離が識字率を高めた?

識字率の向上は、戦国末期に萌芽を認めることができる。それは、織田信長と豊臣秀吉らが推し進めた兵農分離政策と深くかかわる。すなわち、中世の武士は、戦がないときは自分の領地で農民たちを指揮し、田畑を耕作した。中世の農村は兵農未分離の状態であり、地侍《じざむらい》・国衆《くにしゅう》・国人《こくじん》・土豪・名主《みょうしゅ》などと呼ばれる上級階層が、名子《なご》・被官《ひかん》などの隷属農民を支配する体制が広く見られた。そして、戦争が起こると、地侍たちは農具を武具に持ち替え、名子・被官を従え、「一騎」として出陣した。いわば兵農未分離の農業経営形態がそのまま戦場に移行したのである。したがって、戦国大名らは農繁期は戦いにくく、長期戦も困難であった。こうした、いわば兼業の軍団が、戦国時代を通じて、徐々に専業の常備軍へと移行していく。これをいち早く成し遂げたのが、織田信長であり、豊臣秀吉であった。そして、この移行こそが天下統一の礎《いしずえ》となったのである。

兵農分離により武士と農民が区別されると、農村では庄屋や名主《なぬし》を頂点とする地域秩序が形成される一方、武士は城下町に集住し、官僚・役人としての役割を果たすようになった。

ここに農民集団、武士集団内部の意思疎通、そして、都市の武士と農村の農民との間の意思疎通のため、文書が必要になった。兵農分離によって、それぞれ役割を与えられ、住む場所も隔絶されたために、法や文書作成などの能力が求められるようになったのである。

藩校で優秀な子を吸い上げる

織豊期に続く江戸社会において、文書作成はいっそう活発になる。主な要因は、転封と参勤交代である。前述のように、江戸前期、武断政治のもと、多くの藩の取り潰しや転封によって、支配大名は頻繁に交替した。領主が替わっても混乱が生じないよう、農民と武士の間、農村同士での法や文書システムの整備がますます重要になった。また参勤交代により、江戸と領地の間で人・物・情報の交流が活発化すると、文書の作成と管理は、藩の行政・経営に欠かせなくなった。これらを担ったのが、藩士＝藩官僚である。

そして、藩官僚を育成したのが、諸藩の藩校であった。礼儀、作法、知識、意識など、藩校で教えられる儒学を基礎に、武士たちは官僚としての能力を磨かれていく。

諸藩の江戸屋敷にも藩校が作られた。江戸には一流の学者が多くいるので、意欲的な藩士たちは江戸遊学を望み、自藩邸以外の藩邸学校にも学びに行った。藩士たちが江戸に向かう理由の一つに、トップレベルの教育を受けたいというものがあった。

優秀な藩士や容姿のすぐれた藩士は、藩の体面を保つためもあり、江戸藩邸で多く採用された。したがって、国元にそうした藩士がいれば江戸に呼び寄せるとともに、江戸から新しい知識が国元にもたらされた。

もちろん、国元の藩校も盛んになった。長州藩が明治維新の牽引役《けんいん》になったのは、明倫館《めいりんかん》という国内トップクラスの藩校と、松下村塾《しょうかそんじゅく》のような個性的な私塾があったからだ。前者は藩士のレベルアップを担う画一的な教育を行い、後者は生徒たちの個性を豊かにする学校である。この両輪がうまく回ると藩は強くなる。

八代将軍吉宗時代という画期

優秀な藩官僚が養成されても、社会を維持する法（法度）が効力をもつには、当然庶民の側にもそれを理解する能力が必要になる。昔の時代劇では高札場《こうさつば》に掲げられた「触《ふれ》」や「達《たっし》」を読めない農民たちがおり、これに代わって、通りがかりの浪人、庄屋、僧侶などが読み上げるシーンがあったが、町民や農民の識字率は本当に低かったのだろうか。

実態は逆で、彼らは文字の読み書きや、計算もできた。もちろん庶民の能力は武士に劣り、レベルの差も大きかったので、庶民を対象とした触や達は平仮名が多い。しかし、幕府や藩は、できるだけ多くの庶民が直接読むことを前提に法度を出していたのである。独裁的・専制的な権力者は、「よらしむべし知らしむべからず（規則を理解させる必要はない、ただ従わせればよい）」などといわれるが、幕府や藩は異なった。彼らは、庶民が無知なほうが怖い、言葉が通じずコミュニケーションできないほうが社会は不安定になり、みなが賢くお互いに理解できるほうが安定すると考えたのである。だから、幕府は教育を奨励した。とくに教育に力を入れたのは八代将軍吉宗であった。

国家政策・公共政策を展開して「大きな政府」を目指した徳川吉宗は、国民教育の普及にも熱心であった。たとえば、幕府主催の湯島聖堂の林家《りんけ》の講義は一日おきに、また、八重洲《やえす》河岸（千代田区）の高倉屋敷では林家以外の幕府儒官の講義は連日庶民に開放された。一七二二年（享保七）には室鳩巣《むろきゅうそう》が儒学の徳目をまとめた『六諭衍義大意《りくゆえんぎたいい》』を、寺子屋のテキストとして刊行した。

一七二三年には、儒学者菅野兼山《すがのけんざん》が目安箱に投書したことにこたえ、土地を深川（江東区）に貸与し、金三〇両を与え私塾「会輔堂《かいほどう》」を開学させた。

一七二六年には大坂の尼ヶ崎（大阪市中央区）の塾懐徳堂《かいとくどう》を準官学として保護した。国家もまた国民教育の環境を整備し、国民のリテラシーのボトムアップを目指したのである。

学ぶ面白さを知っていた

江戸中期、庶民の知的水準は世界的に、すでにかなり高かったようだ。

農村では庄屋を選ぶ選挙が各地で行われたが、その入札（投票用紙）を見るとそれぞれ異なる筆跡で書かれている。また、井原西鶴や松尾芭蕉らは元禄時代にベストセラーを出しているが、それらを愛読したのは庶民であった。また、自作の和算《わさん》の問題を神社や寺に「算額《さんがく》」として奉納し、それを他の人々が写して自宅へ持ち帰り解くというような文化もあった。たとえ正解しても、出世したり褒美《ほうび》がもらえるわけではない、彼らはむしろ、難問を解く面白さを共有していたのである。

すでに各地に藩校や私塾ができていたが、これらの多くは幕末までに、藩士だけでなく町民や農民にも学びの機会を与えた。義務教育制度はなかったが、江戸時代の人々は知に対して貪欲で、主体的に勉強した。親も、子どもを寺子屋や私塾に積極的に通わせた。金がない家は野菜を持たせて手習いに行かせた。大工の子は大工として、商人の子は商人として必要な文字や計算がわかればいいので、先生は個別にテキストとカリキュラムを用意し、それをマスターしたら卒業である。このように寺子屋では生徒同士が競争する必要はない。したがって落ちこぼれもいない。貧しくても自分のために、積極的に学んだのである。

一八一七年（文化十四）に儒学者の広瀬淡窓《たんそう》が設立した咸宜園《かんぎえん》（大分県日田《ひた》市）という私塾がある。幕府領の日田に開かれたが、全国から生徒が集まり、一八九七年に閉鎖されるまでの八〇年間に五〇〇〇人近くの人々が学んだ。長州藩士の大村益次郎もそのひとりである。生徒たちは何年もここに下宿して勉強した。お金が無くなれば日田の商家でアルバイトをし、日田は江戸時代の学園都市の様相を呈した。咸宜園で学んで国元に帰ってもキャリアアップするわけではなく、出世するわけでもない。とにかく自分が納得するまでこの地で勉強して帰ったのである。

日本の北から南まで

一八七二年（明治五）、新政府により学制が発布され、全国に大学校・中学校・小学校が置かれ、「国民皆学《こくみんかいがく》」、すなわち性別や身分を問わない平等な教育制度が整備された。ここに、国民に広く教育の機会が与えられた……と簡単に考えるわけにはいかない。

なんの土壌もないところに学校を作っても、教師や生徒がいきなり動き出すわけではない。学校で教鞭《きょうべん》を執《と》った教師の多くは、もとは寺子屋で子どもたちに読み書きを教えていた者たちであった。さらに、江戸時代から親が子の教育に熱心であったからこそ、明治になって学校ができれば、そこに子どもを入れたのである。

井上ひさしの『國語元年』という作品がある。明治初期に「全国統一話し言葉」を作るよう命じられた文部省の役人やその奉公人たちの間で、会津、江戸、名古屋、京都、薩摩など各地の「お国言葉」が飛び交う喜劇である。

しかし、お国が違うと言葉が通じない、というのは本当だったのか。すでに述べたように、江戸時代には評判のいい藩校や私塾には全国から生徒たちが集まっていた。江戸の私塾で会津の若者と薩摩の若者が隣り合って研鑽《けんさん》を積む光景も見られた。

一八〇二年（享和二）から一四年（文化十一）にかけて刊行した十返舎一九《じっぺんしゃいっく》の『東海道中膝栗毛』は、東海道を江戸から関西へと旅する弥次・喜多コンビが、言葉が通じないために起こす失敗や騒ぎが楽しく描かれている。もちろん、言葉の違いはあったが、それでも彼らは旅ができたのであり、何よりもこの物語を日本中の人が読んで楽しんだ。

参勤交代で毎年約二六〇の大名が列島規模で往来し、各地の藩校や私塾への「留学」が行われ、多くの農民たちが都市に出稼ぎに行っていたことを考えると、コミュニケーション能力はかなりの程度高まっていたといえる。四日市宿（三重県）本陣の宿泊帳を見ると、毎日のように土佐、長州、薩摩、安芸《あき》、肥後などの大名たちが入れ替わり宿泊したり休息している。吉田松陰は長州言葉で東北や九州を回り、坂本龍馬も土佐言葉で各地を回っている。このような実態からすると、『國語元年』の世界は現実とは異なるフィクションだといえる。

江戸時代、教育の波は日本中に行き渡っていった。長期にわたる平和は、まさにこの「江戸の教育力」を土台に実現されたのである。

◉論点7　明治維新は江戸の否定か、江戸の達成か

最後に明治維新はなぜ起こったか、これを考えてみたい。維新の原因には二つの要素がある。一つは国内の矛盾・対立の激化。すなわち、経済発展とともに国民間に格差が広がり、「世直し」など社会変革の気運が高まり、幕府への不満・批判が高まったというもの。もう一つは、開国を迫る諸外国の圧力の前に、幕府は国内意見を統一できず、批判勢力を中心に、新政府が誕生したというもの。もちろん、二つの要素がオール・オア・ナッシングというわけでなく、どちらがより基底的かということであるが、私は後者の外圧が明治維新のより重要な要因と思う。近代的な諸外国の脅威を自覚し、より強力な国家権力を求めたのである。

ところが、じつは幕末期、倒幕派のみならず、江戸幕府やその周辺の人々の間でも、すでに近代的な議会制が構想されていた。公武合体派の系譜を引く公議政体派の人々に見られたものである。彼らの公議政体論は、公武合体と諸侯会議を軸とする新国家構想であり、欧米の議会制度をもとに、上院（朝廷・諸侯）と下院（藩士・庶民）の二院制が構想されていた。開成所（洋学教育機関）教授の西周《にしあまね》「議題草案」、蕃書調所《ばんしょしらべしょ》（洋学研究機関兼外交文書翻訳

局）の津田真道《まみち》「日本国総制度」はそのプランの代表である。一五代将軍徳川慶喜の大政奉還も、議会制を目指してのことであった。では、薩長を中心とする新政府の議会制プランと、幕府の議会制プランの違いは何か。それは、徳川家がいるかいないか、ということであった。徳川が議長、すなわちリーダーでいるかぎり江戸幕府と変わらないという認識が倒幕派に強くあり、鳥羽伏見の戦いに始まる戊辰《ぼしん》戦争の原因にもなった。

掃討戦も、殲滅戦もしない

従来の倒幕派＝西南諸藩は近代的で、佐幕派＝幕府や会津は後進的という「西高東低」の見方が支配的であった。しかし、これでは江戸時代を通じて日本社会が達成した共通化・均質化の側面を見落としてしまう。戊辰戦争で旧幕府軍は旧式武器を使っていたと思う人が多いが、それは誤りである。

旧幕府軍もまた洋式化が進んでいたのである。ヨーロッパのクリミア戦争（一八五三〜五六年）やアメリカの南北戦争（一八六一〜六五年）で使われた武器を、たとえば薩長はイギリスから、幕府はフランスから買い、会津藩の山本覚馬《やまもとかくま》は長崎でドイツ人武器商人カール・レーマンから買うなど、幕府や藩はさまざまなルートで入手していた。会津落城の際、会津藩が官軍側に提出した武器リストには、弾薬付大砲五一、小銃二八四五、小銃弾薬二万二〇〇

○発が書き上げられている（北原雅長『七年史』）。銃は連続して撃つと熱で壊れることが多くメンテナンスが必要であり、また、新潟港や庄内藩からの物資補給ルートも断たれた（ちなみに庄内藩も洋式化が進んでおり、当初は新政府軍を圧倒していた）。会津の敗因は洋式軍備の後れというより、補給路の断絶に求められるのである。

このように戊辰戦争は、双方近代的な武器を使った近代戦争であったが、戦死者は二万人弱であった。もちろん、一人ひとりの命は貴重であり、亡くなっていいという話ではない。しかし、同じ武器を用いたクリミア戦争の死傷者約二〇万、アメリカ南北戦争約六〇万とくらべると犠牲者が少ないことが注目される。これは強引な掃討《そうとう》戦、殲滅《せんめつ》戦をしなかったからである。上野戦争の際、新政府軍が上野の山を包囲したときも、日暮里《にっぽり》口を退路として残しつつ総攻撃をしている。箱館戦争で敗れた大鳥圭介《おおとりけいすけ》や榎本武揚《えのもとたけあき》も、明治維新後に役職を与えられている。「革命」という割には、慶喜も松平容保も処刑されていない。会津藩士とその家族は斗南《となみ》藩（青森県東部に立藩された）に移されて塗炭《とたん》の苦しみを味わったと言われるが、考えてみればその周辺には人が住んでおり、開拓が苦手な武士集団ゆえの苦しみともいえる。幕府官僚も多数明治政府で働いており、意外と「省エネ省ロス」の政権交代を行っているのだ。

勝った新政府軍の事情や度量とも言えるが、むしろ、江戸時代を通して、北から南まで列島社会が均質化することと並行してナショナリズムが育ち、同朋意識が育っていたのである。明治維新は、勝ち組負け組と簡単に二分できない、幅と深さがある。そういう意味では、江戸時代は旧制度《アンシャンレジーム》として切り捨てられるべきものではなく、明治維新という政権交代は、まさに「江戸の達成」として位置づけられるべきものなのである。

江戸から明治は連続している

私たちが歴史を見るとき、ともすると、社会がAからBに、0から1に、わずかの間に変わったように、つまりデジタル的に見てしまう。しかし、当時を生きていた人々の目には事態の多くは少しずつ連続して、つまりアナログ的に変化していた。

地方の多くは、城があった場所が県庁所在地となり、地方行政の拠点は江戸も明治も変わらない。薩長土肥の藩官僚や朝廷官僚が国家のトップに就くが、地方行政は藩官僚がそのまま担当し、町村の秩序は維持される。これは、藩主が参勤交代で国元を離れても、また、転封で領主が変わっても地域社会に問題はなかったのと同じである。

明治維新の革新性が強調されるようになったのは、明治初期と戦後民主化の時期であった。いずれも、欧米文明を基準に、江戸のあり方を批判したのである。したがって、現代人の私たちは、「明治維新」と「戦後民主化」の二重の色眼鏡を通して、江戸時代を見てきたのである。

　ところが最近、江戸を見直す動きが活発化している。それは二〇〇一年の9・11事件以来、欧米文明の行き詰まりが表面化し、イスラム地域との緊張感が高まりつつある世界状況とも関わっている。東日本大震災の際の原発事故も、文明化の負の部分を顕在化した。日本社会は、一〇〇年続いた戦国時代を克服し、二五〇年という世界でも稀有《けう》な「平和」を実現した経験をもつ。そして、その「平和」は、合理的・文明的な官僚システムと教育によって支えられ、江戸を中心とする列島社会の均質化ももたらした。

　明治維新は江戸の否定・リストラではなく、「江戸の達成」と見るべきである。この「江戸の平和」の実態と意義を、今日の世界に発信する意味は小さくない。いつまでも江戸をチョンマゲ、チャンバラの、古いイメージで見ていてはいけないのである。

第4章 近代

清水唯一朗

大日本帝国憲法発布の式典（和田英作筆）

近代 関連年表

1853	（嘉永６）	ペリー来航
1867	（慶応３）	大政奉還。王政復古の大号令
1868	（明治元）	戊辰戦争（～69）。五箇条の誓文公布
1871	（明治４）	廃藩置県。岩倉遣外使節団派遣
1873	（明治６）	明治六年の政変
1874	（明治７）	民撰議院設立の建白書。台湾出兵
1875	（明治８）	漸次立憲政体樹立の詔。新聞紙条例公布
1877	（明治10）	西南戦争おこる
1881	（明治14）	明治十四年の政変。国会開設の勅諭発布
1885	（明治18）	内閣制度制定
1889	（明治22）	大日本帝国憲法発布。衆議院議員選挙法公布
1890	（明治23）	第一回衆議院議員総選挙。第一回帝国議会
1894	（明治27）	日清戦争（～95）
1895	（明治28）	下関条約調印。三国干渉
1900	（明治33）	治安警察法公布。立憲政友会創設
1904	（明治37）	日露戦争（～05）
1905	（明治38）	ポーツマス条約調印。日比谷焼打ち事件
1910	（明治43）	韓国併合
1913	（大正２）	第一次護憲運動
1914	（大正３）	第一次世界大戦に参戦
1915	（大正４）	対華二十一ヵ条の要求
1918	（大正７）	米騒動。原敬内閣成立
1919	（大正８）	三・一運動
1923	（大正12）	関東大震災
1924	（大正13）	第二次護憲運動。政党内閣期はじまる
1925	（大正14）	治安維持法、普通選挙法公布
1928	（昭和３）	第一回普通選挙。治安維持法改正公布
1931	（昭和６）	満州事変
1932	（昭和７）	五・一五事件。日満議定書（満洲国承認）
1936	（昭和11）	ロンドン海軍軍縮会議脱退。二・二六事件
1938	（昭和13）	国家総動員法公布
1940	（昭和15）	日独伊三国同盟調印。大政翼賛会発足
1941	（昭和16）	日ソ中立条約調印。太平洋戦争開戦
1945	（昭和20）	広島、長崎に原爆投下。ポツダム宣言受諾

◉論点1　明治維新は革命だったのか

復古か、革命か、革新か

二〇一八年は明治一五〇年にあたり、明治維新をどう捉えるかという議論が各所で行われている。まずは、明治維新をどのように捉え、位置づけるかについて考えたい。

「維新」ということばが中国の古典である『詩経』に由来することはよく知られている。それは「維《こ》れ新《あらた》なり」、すなわち、すべてが改まり新しくなることを指し、同時代では「御一《ごいっ》新《しん》」とも言われた。もちろん、それは新政府の統治を肯定的に捉えるための言辞であり、全てが改まったわけではない。

他方、英語では明治維新は、Meiji Restoration と英訳されてきたが、Restoration は復古を意味する語である。これは一八七四〜七五年にイギリスの外交官であるフランシス・アダムスが著した『日本史』あたりから幕末の政治変動を特にこう表現したものではないかとされる（苅部直『「維新革命」への道』新潮社、二〇一七年）。明治維新は「復古」なのだろうか。

二〇一〇年代に入ってからは、明治維新を革命と規定し、Meiji Revolution として扱おうという動きがある。たとえば、明治一五〇年を機に、イェール大学、ハイデルベルク大学、東京大学を中心に行われている共同研究では、各国の日本研究者を中心に、革命の比較研究の文脈で明治維新が論じられている。

彼我の語感の違いは注意を要する。Revolution は、かつては予定された秩序への復帰を示すものとして用いられていたが、フランス革命後、旧秩序から新秩序への大改革を意味するようになった。一方で、東洋的な価値観における「革命」は王朝があらたまること、つまりは体制の抜本的な入れ替えを意味する。しかし、明治維新では王朝交代があったわけではなく、支配層は士族内で入れ替わった。すなわち、そこには連続性がある。

そう考えた場合、明治維新はきわめて大規模な「革新」であったと捉えるべきではないだろうか。以下、明治維新前後において何が連続し、何が変化したのかを、いくつかの観点から論じていく。

尊皇攘夷・公武合体と大攘夷・小攘夷

では、まずは維新の出発点とされる「西洋の衝撃」から見ていこう。明治維新は一八五三(嘉永《かえい》六)年のペリー来航に代表される西洋の衝撃、ウェスタン・インパクトが引き金となって、本格的に動き出したというのが定説となっている。欧州列強の東アジア進出に対して、国内体制の転換が求められたという理解である。

戦前は明治政府が編纂した『復古記』や昭和戦前に編まれた『維新史』により、天皇を中心として攘夷《じょうい》を実行しようとする尊皇《そんのう》攘夷派と、朝廷と将軍が協力して政権運営を進めようとする公武合体派がせめぎあったという理解がなされていた。幕府を支持する佐幕派、それを打倒しようとする討幕派という分類である。

戦後になると、倒幕の主体は、尊皇攘夷派が中心だったという説と公武合体派が中心だったという説がせめぎあうようになった。前者の代表である遠山茂樹は、西洋の衝撃から攘夷論が生まれ、尊皇攘夷という理念が全国に広まり下級武士を担い手として明治維新につながったと主張した。これに対して井上清は、理念よりも京都・江戸を中心に士族のネットワークが生まれたことと民衆の革命意識の発達を重視し、薩摩を中心に天皇家の権威と将軍家の権力を一体化した公武合体による新政体、雄藩連合を構築する動きが公議輿論《こうぎよろん》を求め、明治維新にいたったと主張した。前者が思想に重きを置き、後者が政治過程から説明したといえるだろう。

もっとも現在、この幕末の政治構造をめぐる議論は大きく修正されている。攘夷自体は全国的に共通した意思であり、その方法が時と場所によって変化していったという考えだ。そこで取り上げられるのは「大攘夷」と「小攘夷」という概念である。

外国船を打ち払うといった実力行使は、視野の狭い「小攘夷」であり、当時の日本の軍事力・経済力では、かえって相手に侵略の口実を与えかねない。そうした射程の短い対応を批判し、長い目で国力の差を克服していくべきという主張が「大攘夷」と呼ばれた。国内の統一を優先し、富国強兵を進めて列強に向き合えるだけの実力をつけるべきという考え方だ。この考え方によれば、公武合体は尊皇攘夷のための方法のひとつということになる。

列強の接近から開国前後には外国人排斥の「小攘夷」の立場を取っていた改革勢力が、しだいに富国強兵を目指す「大攘夷」の立場へと転換していく。攘夷という言葉は、当時から単に外国船の打ち払いと認識されていたわけでなく、独立国家としての日本が立ちゆくようにする体制変革の文脈でも用いられていたのである（三谷博『維新史再考』NHK出版、二〇一七年）。こう考えてくると、勤皇で知られた水戸藩主・徳川斉昭《なりあき》が幕政改革に乗り出したことや、薩摩藩が長期にわたって公武合体による事態の打開を図り、その後、討幕へと手段を切り替えたことも理解できるだろう。

すなわち、幕末の政治構造は尊皇（討幕）派と佐幕派の単純な争いではない。西洋列強の進出に対して、いかにして独立を守るかという広義の「攘夷論」が展開され、その手段としてその時々の政治状況によって公武合体論や討幕維新論が現れ、そうした手段が政治闘争と絡み合って展開していったと考えられている。

維新の主役は誰か？

　維新の担い手は誰だったのだろうか。まず思いつくのは維新の三傑、すなわち木戸孝允《きどたかよし》、西郷隆盛《さいごうたかもり》、大久保利通《おおくぼとしみち》、これに加えて坂本龍馬《さかもとりょうま》だろうか。小説の影響もあり、彼らの知名度は群を抜く。しかし、現在ではこうした英雄史観に基づく理解は否定されつつある。広汎な資料調査とそれに基づいた研究が進んだことで彼らが相対化されると同時に、埋もれていた人物にスポットライトが当たりはじめている。

　たとえば薩摩の重臣、小松帯刀《こまつたてわき》はその代表例であろう。国元にいることが多く、早世したこともあり、これまであまり注目されてこなかった。しかし、最近の研究では、従来、西郷や大久保の業績と考えられていたことが、実際には小松帯刀を軸に行われてきたことが明らかにされている。橋本左内《はしもとさない》や横井小楠《よこいしょうなん》など、明治新政府につながる統治構造を提示した人物も再評価が進んでいる。

　評価の見直しが顕著であるのは坂本龍馬であろう。龍馬が記したとされる国家構想の八か条「船中八策」は後世に捏造《ねつぞう》された史料であるという議論があり（知野文哉『「坂本龍馬」の誕生』人文書院、二〇一三年）、二〇一七年、歴史の教科書の記述から坂本龍馬が消えることが話題となった。それだけ志士たちの活動は相対化されてきている。

明治維新は群像劇として捉えられるが、政治過程である以上、雄藩藩主をはじめとする有力者たちの影響力も大きかった。近年、島津斉彬《しまづなりあきら》・久光《ひさみつ》、松平春嶽《まつだいらしゅんがく》といった開明派の君主とその思想動向が盛んに分析されているのはそのためである。彼らの指導のもと、さまざまな担い手が事態の打開に向けて動いていたという理解が浸透している。

若手現実派に押し切られた井伊直弼

それは幕府の側を見ても同様である。たとえば、井伊直弼《いいなおすけ》は保守的かつ権力的で、事態打開のために朝廷の勅許を得ぬままに開国に踏み切った強権的なイメージが強い。しかし、近年の研究では、井伊は最後まで通商条約の締結に慎重な姿勢を持っていながら、交渉の場でやむを得ない場合は調印も認めると交渉役に裁量を与えていた。井伊自身は締結を望んではいなかった。

むしろ、開国へと交渉を導いたのは、幕閣に形成されつつあった、国際関係を解する若手現実派の幕臣、すなわち昌平黌《しょうへいこう》エリートたちであった（奈良勝司『明治維新と世界認識体系』有志舎、二〇一〇年、眞壁仁『徳川後期の学問と政治』名古屋大学出版会、二〇〇七年）。幕末の外交担当であった岩瀬忠震《いわせただなり》や戸田氏栄《とだうじよし》らは、朱子学を中心に学んでいた老中クラスとは異なり、洋学をはじめとする多様な学問からより現実的な思考方法を学び、国際状況をよく理解していた。幕府の体制維持に固執する幕閣上層部と、自国中心主義にこだわらず、国際秩序を重視する能動的な若手幕臣のあいだには距離があった。

彼らは外交交渉という高い専門性を要する政治空間のなかで、なかばクーデター的に交渉を推し進めていった。それは彼らの持っていた専門性や新知識が伝統的な権威と権力を凌駕《りょうが》していく過程であった。この変革は、明治維新にいたる体制変動の革命的な側面につながるものといえるだろう。

身分制社会の解体と地域社会の動揺

なぜ攘夷論は急速に全国に広まっていったのだろうか。そこには、流動性と自我を抑制する社会構造、すなわち厳格な身分制に基づく体制への不満があった。能力によらず、家格を重んじ、職業選択の自由を厳しく制限した身分制の「安定」は、二六〇年続いた徳川政権による平和（パクス・トクガワーナ）の根幹であった。しかし、それは同時に変化を抑制し、社会を停滞させていた。自らが努力しても人生が変わらない社会が閉塞感をもたらすのは当然であろう。

このため、明治政府は身分制の解体、すなわち四民平等を宣言し、五箇条の誓文においても、ひとびとが夢を実現できる社会を構築することを掲げた。徳川幕府に代わる政権として、身分による縛りを取り払うことが正当性を持ったのである。

もっとも、身分制の解体は社会構造を大きく変革させる。身分制は藩に代表される統治秩序の根幹であった。すなわち、ひとびとは身分の縛りから解放されると同時に、彼らを守っていた構造の溶解に直面する。新しい時代のなかで、何にすがって生きていけばよいのか、誰が生活の安全を保障してくれるのかという「人間の安全保障」の問題が生じたのである。

政府は中央集権を強固なものとするために、自然に生まれた村落共同体である「自然村」を廃し、新たな区画に基づく「行政村」を作ったが、こうした未知の組織に属させられた住民は不安に駆られた。

この点について、版籍奉還・廃藩置県が政治社会と市民社会を分けたとする分析が注目されている。近世的な共同体はあたかもひとびとを包む袋のような存在であった。明治維新と近代国家の建設によって、旧秩序が崩壊する過程で、ひとびとは新しい秩序を求める。その役割を担ったのが公概念や自由民権運動であるという議論である（松沢裕作『自由民権運動』岩波新書、二〇一六年）。政治と社会の接点を考えるうえで示唆的な主張だろう。

近代化のなかで、ひとびとは自由よりも安定を求めた。そして、自分たちの利益を主張する際には集団として行動した。この動きは、市民社会の構築につながる動きとして位置づけられるだろう。

江戸由来の知的ネットワークと公議輿論

このように、地域秩序の面から見ると明治維新の前後では非連続面が見られるが、社会全般で捉えた場合、両者には高い連続性があると考えられている。

近年注目されているのは、知的ネットワークの存在である。西洋の衝撃をめぐる情報と認識は、当時の知的ネットワークを通じて急速に国内に広まった（宮地正人『幕末維新期の文化と情報』名著刊行会、一九九四年）。江戸時代後期から日本では識字率が高かったことは、多くの研究者が近代化成功の要因として指摘してきた。もっとも、これらは教育がいかに工業化に貢献したかに着目した見方である。江戸期の教育は世界的に見て高水準だったわけだが、このなかでも「公共的な空間」の広がりが重視されはじめている。

一九世紀に入ると各地で藩校が開設された。藩校の輪読会を通じて優秀な人物が見いだされ、彼らは江戸の昌平黌に送られる。ここに昌平黌で共に学んだ俊才たちによる知的ネットワークが形成される（前田勉『江戸の読書会』平凡社、二〇一二年）。彼らは昌平黌での学業を終えて地元に戻ると、このネットワークの末端として機能していく。このネットワークを基盤として、全国規模の言論空間が育まれ、能力主義の人材登用が生まれていく。

こうした公論空間の形成は、明治政府が近世以前の慣習によって行われる意思決定でなく、議論をすること（公議）で、より多くの人が賛成できるものを見つけていく仕組みを作るうえで、必要不可欠な基盤となる（前掲、三谷『維新史再考』）。徳川幕府における少数による意思決定をやめ、政治参加の枠を広げていく。それは、新政府が徳川幕府に代わることを正当化するために必要な変革であった。

その世界観は、五箇条の誓文に具現化される。その第一項は「広ク会議ヲ興シ万機公論ニ決スベシ」とし、公議輿論に基づいた国家建設を行うことが高らかに宣言される。江戸時代の「公儀」から明治時代の「公議」へ。すなわち、将軍周辺の権力サークルによる偏重したガバナンスから、公論空間を通じた言論による裾野の広い政治参加という変化につながっていく。江戸の知的基盤のうえに、明治の新たな政治空間が描き出されたのである。

明治維新は人材登用革命か？

連続性を語るうえでもうひとつ重要なのは人材であろう。新政府は、幕府を倒しながらも洋学の知識や実務経験に富む幕臣たちを継続して用いた（門松秀樹『明治維新と幕臣』中公新書、二〇一四年）。

江戸時代の身分秩序は家格に基づいていた。職分は主に家柄で決まり、人材の流動性は養子などごく限られたものであった。それが変化をはじめたのは、時代の要請によって、徐々に実力による登用が行われるようになる幕末期である。明治政府はこの方針をとりわけ明確に打ち出した。王政復古の大号令では人材登用を第一の急務とし、家柄や身分によらず実力で登用することを宣言した（徴士《ちょうし》制度）。

それもそのはずである。明治政府の最大の弱点は極度の人材不足にあった。戊辰戦争の帰趨《すう》《き》がはっきりしないなか、率先して新政府に人材を提供しようという藩はなかった。薩摩や長州でさえ、自藩の安定を保つために人材の引き留めを行っていた（佐々木克『志士と官僚』ミネルヴァ書房、一九八四年）。そうしたなか、家格や係累に縛られない人物が、その能力によって明治政府のなかに活躍の場を得ていく。

のちに初代内閣総理大臣となる伊藤博文《いとうひろぶみ》は、その象徴的な人物である。伊藤は長州の出身で木戸孝允の子飼いであったために破格の出世を遂げたと考えられていた。しかし、伊藤が生まれたとき、その生家は士族ですらなく、のちに卒《そつ》族となったに過ぎない。旧藩秩序でいえば出世する身分ではない。

彼が出世した要因は、幕末に藩命により渡英し、英語による交渉能力を身につけたことにあった（柏原宏紀『明治の技術官僚』中公新書、二〇一八年）。そして、その身軽さゆえに、旧藩主との関係にこだわらず、さらには木戸との確執も乗り越えて、新しい時代のなかに身を委ねていくのである。

江戸の蓄積が生み出した明治維新という革新

冒頭に掲げた「復古か、革命か、革新か」という問いに立ち返ってみよう。王政復古の大号令をはじめとして、天皇を中心に置いた政権を組み立てる際に復古的な言辞が用いられたことは間違いない。しかし、導入された制度は復古的なものではなく、幕藩体制を否定し、公議輿論に基づく近代的な政体を目指す革命的なものであった。

他方、担い手の面で見ると、当初は雄藩藩主や公家が高位の議定《ぎじょう》となる一方、幕末の志士たちが参与となり、維新官僚として実質的な権限を獲得していく。とりわけ実務面においては新政府に知識と経験を持つ人材が乏しく、幕臣たちが多く活用された。その意味において、徳川将軍家が支配的な地位を降りたことを除けば、担い手の連続性は高く、東洋的な意味での革命とはいいがたい。

くわえて、知的ネットワークに代表されるように、江戸時代の機構や教育の成果、とりわけ人材登用における能力主義の萌芽が明治維新に果たした役割は大きい。江戸の蓄積を巧みに生かした革新（Innovation）と捉えるのが妥当ではないだろうか。

もっとも、その革新は、徳川による平和を享受していたひとびとには迷惑なものだったかもしれない。彼らは安定していた生活から、突如として競争的な近代という新しい秩序のな自由を与える一方で、その責任を負わせるものでもあった。

かに放り出された。身分制の解体、旧藩秩序の崩壊は、ひとびとに職業選択をはじめとする

◉論点2　なぜ官僚主導の近代国家が生まれたのか

なぜ日本が東アジアで唯一、早くからヨーロッパ型の近代国家に移行することができたのか。政治体制の面から論じるなら、有能な人材を政府、行政に集め、その体制を刷新することができた点が挙げられよう。それは清朝が軍閥の割拠もあって旧来型の政治秩序から転換できず、朝鮮が堅牢な階級社会のなかで人事、制度の刷新に踏みきれなかったことと対比をなしている。

手放しで喜べない側面もある。政府、行政が優位となる構造が生まれたことで、近代化にもかかわらず政治構造はトップダウン型となった。人材は中央に集められ、地方では人材の枯渇がはじまっていく。何より民主主義の基本となるはずのグラスルーツの民意形成が遅々として進まない状況が生じることとなる。それは官僚国家への道でもあった。

モデルとなったのはどこか

近代国家としての日本がどのように建設されていったのか。最大の課題は、どの国に学ぶのかということであった。明治政府が公議輿論を掲げて登場した以上、政治的な決定は議論を通じて行われる必要がある（もっとも、公議輿論を掲げていた五箇条の誓文の起草者たちは、政府部内における議論を予定していたといわれる）。このため、明治政府は公議所、集議院といった各藩の代表を集めた議政体を設置するが、衆議はまとまらず、これを政府が指名する議員からなる元老院と県令を集めた地方官会議にひとまず切り換えた。他方で内戦への対応などから政府財政は逼迫《ひっぱく》し、国内では国会開設と政治参加を求める自由民権運動が活性化していた。

こうしたなかで、政治家主導で議院内閣制を採るイギリス流か、官僚主導で行政中心のプロイセン流のどちらを採るかが争点となり、プロイセンに学んだ結果、日本は行政中心の官僚国家になったと長らく考えられてきた（ジョージ・アキタ『明治立憲政と伊藤博文』東京大学出版会、一九七一年、升味準之輔『日本政党史論』一・二、東京大学出版会、一九六五〜六六年）。

しかし、一九九〇年代ごろから、この見方の修正が進んでいる。たしかに議会はイギリスを中心に、行政はドイツを中心に学んでいるが、伊藤博文の憲法調査だけを見てもイギリス、ドイツだけでなく、あらゆる国の情報を参照していたことがわかってきた（鳥海靖『日本近代史講義』東京大学出版会、一九八八年）。さらに、憲法史、憲政史の研究が進展を見せ、いまでは憲法附属法のほとんどは欧州、アメリカなど多くの国家の事例について、それぞれの国の専門家へのヒヤリングを混じえながら、丹念な比較検討の上で編まれたことが明らかにされている（大石眞『日本憲法史　第2版』有斐閣、二〇〇五年、瀧井一博『ドイツ国家学と明治国制』ミネルヴァ書房、一九九九年）。

広く世界に知識を求めた日本

それは憲法に留まらない。五箇条の誓文にあるように、明治政府はまさに世界に学んだ。例えば、土木や陸軍はフランスやドイツに、教育はフランスやアメリカに倣い、海軍は、イギリスやアメリカの指導を受けた。国立公文書館などに所蔵されている立法資料には各国の事例が網羅されており、その努力には息をのむ思いがする。先進国の事例を網羅的に集め、そのなかから日本に合うかたちを探る手法は、明治国家建設に共通する作業であった。

その調査にはきわめて深い政策への理解と高い語学力が求められる。この務めを果たしたのは、洋行をした若手官僚たちであった。大学で学んだ専門性と行政に従事した経験を持つ官僚の留学は、新知識の導入に大きな役割を果たした。

この流れを大きく前進させたのが岩倉遣外使節団である。この使節団は条約改正交渉の失敗で知られるが、ミッションはそれだけではなかった。彼らは世界の最先端の文物や制度を学び取ってくることを条約改正に並ぶ目的として与えられていた。（田中彰『岩倉使節団の歴史的研究』岩波書店、二〇〇二年）。

もちろん、岩倉使節団が欧米を見聞する以前から、各省はそれぞれに優秀な若手官僚を派遣していた。使節団はこれらの留学生の知識やネットワークを巧みに用いて調査を行い、民主主義や分業による大量生産の方法といった近代国家の機能を理解して帰国し、近代化を進めていく。

優秀な人材が官僚になるシステム

もっとも、当初は薩摩や長州といった「官軍」の若手が留学の機会を得やすかった。それどころか学問の頂点にあった大学南校《だいがくなんこう》（のちの東京大学）にも、「官軍」の子弟が優先的に集められ、強い批判を生んでいた。五箇条の誓文は第三項で全てのひとびとが志を持ち、それを叶えることのできる社会を作ると宣言していたから、学びの機会が一部に限定されていることはこの精神に反していた。

状況を変えたのは学生であった。大学南校の学生からより広く学問の門戸を開放するべきであるという建議が行われ、意外にもこれが採用されたのだ。一八七〇（明治三）年、大藩から三名、中藩から二名、一万石の小藩であっても一名の青年を送り出すように全国に命が下った。これを「貢進生《こうしんせい》」制度という。授業が英語で行われるため、英語を解する優秀な青年であることが条件とされた（清水唯一朗『近代日本の官僚』中公新書、二〇一三年）。藩閥も、自分たちの子弟だけでは人材供給が追い付かないことを理解していたのである。

学生たちは大学南校の学びを終えるとさらなる学問を望んで留学を請願し、欧米から最先端の知を持ち帰った。帰国後は官僚として国家建設の現場指導に当たり、一部は東京大学（のちの帝国大学、東京帝国大学）で教鞭を執って後進を育てていった。かくして、全国から優秀な人材を集め、彼らが切磋琢磨して官僚となるルートが敷かれた。

大日本帝国憲法にはそれを象徴する条文がある（第十九条）。これは、日本の臣民は、誰でも決められた制度を通過すれば、軍人にも官僚にもなることができると宣言する。憲法学者によっては、これを同憲法中唯一の平等条項であるとする、特徴的な条文だ。立身出世主義が浸透するなか、その目指すべき頂点に軍人や官僚になることが置かれたことは重要なポイントである。最も優秀な人物が、軍人や官僚になるという設計がなされたのだ。家柄ではなく能力に基づいた人材登用が導入されたことは、日本の近代における大きな成功要因となった。

行政先行の国家づくり

こうして優秀な人材は政府に集められた。そのうえで政府は行政が先行する国家建設を行っていく。それを主導したのは伊藤博文である。一八八二年、欧州での憲法調査を命じられた伊藤がドイツでルドルフ・フォン・グナイスト、オーストリアでローレンツ・フォン・シュタインに学んだことはよく知られている。しかし、それは単なる憲法調査ではなく、憲法を軸とした国家運営をどのように行うのかを考える「憲政」調査であった。伊藤とその幕僚たちはシュタインらと議論を重ね、日本で憲政を実現する方法を考え抜いた。そうして辿りついた解法が、立法府（議会）よりも行政府（政府）を先に整備することであった。

伊藤がドイツ以外にも憲政運用の実践知を求めたのは、このアイディアをより確実なものにするためであった。彼は欧州各地に幕僚を派遣して情報を集めたほか、ベルギーやイギリスには自ら出向いて調査を行っている（前掲、鳥海『日本近代史講義』）。こうした調査は伊藤だけでなく山県有朋《やまがたありとも》らも行い、俗に「シュタイン詣《もう》で」と言われるほど、多くの政治家たちが欧州の地で学び、それを実践につなげていった（瀧井一博『文明史のなかの明治憲法』講談社、二〇〇三年）。

かくして、一八八五年十二月に内閣制度が発足するが、注目すべきはその後である。政府は翌八六年のはじめに三つの勅令を出した。第一号の公文式は法律の書き方を統一するものであり、第二号の各省通則は各省庁のあり方をモデル化した。今の国家行政組織法にあたる。そして第三号の帝国大学令で官僚となる人材の養成方法を定めた。

それまで政府の発する法律命令は単行のものとして公布、施行されてきた。必要に応じて出されるためその数は膨大となり、相互の関係性も不明確であった。このため、政府は全国各地からの問い合わせに忙殺されていた。これを整理し、書式を統一することは行政の効率化と全国への浸透に大きな意義を有するものであった（岩谷十郎『明治日本の法解釈と法律家』慶應義塾大学出版会、二〇一二年）。

行政機構も、各省通則によりようやく確立した。大臣、次官、局長、課長、課員という人事構成が固まれば、政策立案においても、これまでの属人的な交渉ではなく、職位に基づいた省間調整が行われることになる。大学から供給される人材がここに入っていけば、ほぼ同じ経歴、年次のあいだで交渉が行われ、合理的な調整が期待される。これは省内においても同じであった。

帝国大学令によって大学出身の「学士」官僚が供給されるようになることは、官界に大きな新陳代謝をもたらしていく。彼らは西洋法を中心とした専門教育を受けており、しばしばその専門性を武器に藩閥官僚と対峙した。彼らからすれば、地縁血縁で高級官僚の地位に居座る藩閥官僚は害悪であり、次第にそれを敵視していく。一八九三年に官僚の試験採用を原則とする文官任用令が定められると人材の入れ替えが進み、一九〇〇年代にはほぼすべての高等官が学士官僚によって占められるまでになった（前掲、清水『近代日本の官僚』）。

かくして、一八九〇年の帝国議会成立に四年先だって、法律の作り方、省庁のあり方、官僚の養成方法が決められ、行政中心の国家機構が形成された。

明治憲法体制の柔構造

先行した欧米列強に学んだことは、法令の構造にも大きな影響を与えた。象徴的なのは大日本帝国憲法の記述の少なさである。この憲法には必要最低限のことしか書かれていないとされる。欧米列強は、民主化、近代化の過程で現れた新しい権利要求をその都度、憲法に書き込んでいった。しかし、憲法が改正されるとなれば大きな議論を呼び、政治的なコストがかかる。憲法改正が政治的不安定を招くこともあった。

こうした経験に学び、大日本帝国憲法は可能な限り記述を少なくし、とりわけ改正が見込まれるものについては法令に委ねた。法令として外付けしたと言ってもよいだろう。この構造によれば、法令を改正すれば憲法は改正する必要がなく、憲法改正という政治的なリスクをおかさずに国民の要望を制度に取り込むことができる（前掲、大石『日本憲法史』）。憲法制定後、起草者の一人である金子堅太郎《かねこけんたろう》が完成した憲法を持って欧米諸国の有識者を訪ねて回るが、その際にもこの簡便な構造は賞賛を浴びた。後発者の優位といえるだろう。この構造は現行憲法にも引き継がれており、現在も世界に存在してきた憲法のなかで日本国憲法は格段に記述が少ないことが知られている（"What's Unique About the Japanese Constitution?" *The Journal of Japanese Studies*, 41-2, 2015.）。

憲法だけでなく、法律も同様に外付けの構造を取った。代表的なのは選挙区の区割りである。衆議院議員の選挙区は別表として外付けされ、時代が下って人口の増加や移動が起こっても別表さえ更新すれば本文には手を付けずに改正が可能とされた。

法律命令の詳細な部分は、政令、省令として、法律が許す範囲で政府が決めることとされた。このように大日本帝国憲法を軸とする近代日本の法体系は、政治的な紛争を極小化する構造を持ち、行政の裁量を大きく確保した。これは行政を中心とした近代化をスムーズに進める基盤になると同時に、官僚による裁量を大きくした。

それは同時に、憲法改正はもちろん、議会における審議を形骸化させるものでもあった。のちに述べるように、グラスルーツの民主主義が育ちにくい構造を生み出したことも指摘しておかなければならないだろう。

属人的なガバナンスに依存した小宰相主義

では、政権のガバナンスはいかにして行われたのか。いうまでもなく、明治憲法体制は権力分立体制であった。行政は政府、軍事は軍部、司法は大審院、法案審議は議会と権限が分散されていた。建前は王政復古による天皇親政であったが、実態は天皇に政治的責任を負わせない権力分立構造であった(久野収・鶴見俊輔『現代日本の思想』岩波新書、一九五六年)。

当初はこのような分立構造ではなかった。一八八五年に制定された内閣職権は、総理大臣が他の閣僚に優越して統御する「大宰相主義」を取り、首相の指導のもと、各部局のガバナンスを行う制度設計がなされていた。これは憲法起草者、立憲カリスマたる伊藤博文のもとではうまくいった(坂本一登『伊藤博文と明治国家形成』吉川弘文館、一九九一年)。

しかし、続く二代首相の黒田清隆《くろだきよたか》でその制度は危機を迎える。黒田と大隈重信《おおくましげのぶ》が掲げた外国人判事登用について閣内閣外で理解が得られず、それを強行しようとしたところ大隈が爆弾テロに遭うという事態が生じた。黒田内閣はガバナンスの失敗により総辞職を余儀なくされる。明治憲法体制がはじめて直面した正当性の危機であった。

藩閥全体を巻き込んだ政治紛争を収拾できるものはいなかった。そこにちょうど外遊中で紛争の外にあった山県有朋が帰国し、首相となることを求められる。大宰相主義の限界を主張する山県は、閣僚が横並びとなり統御よりも均衡を重視する小宰相主義に移行することを求め、内閣は同輩による合議体となった（内閣官制）。

この横並びの構造は、建国の父祖共同体と呼ばれる明治維新の功臣たちがそれぞれの利益を代表して調整するあいだは機能した（御厨貴『日本の近代3　明治国家の完成』中央公論新社、二〇〇一年）。そして彼らは天皇からその政治生命を守られるかたちで数多《あまた》の政変を乗り越え、元老として守るべき部分利益を代表しつつ、全体の統御に協力した（伊藤之雄『元老』中公新書、二〇一六年）。

他方、各省通則や文官任用令によって行政機構が整備されると、官僚たちは採用された省で昇進するようになり、省を跨《また》いだ人事交流は減少していく。それは専門性を高めると同時にセクショナリズムを招く。その結果、各省間はもちろん、大蔵省による予算統制を是としない各省との政府内闘争が激しくなっていく。

明治憲法体制によるガバナンスは、制度としては柔軟な権力分立構造であったが、それは同時に属人的な調整に大きく依存したものであった。それだけに調整に通じた人物がいるあいだは機能するが、彼らの退場とともに更新が必要となる体制であった。

議会政治家はなぜ弱かったのか

内閣制度、各省制度の整備に後れること四年、一八九〇年に帝国議会が召集された。帝国議会には予算審議権が与えられており、議会政治家たちはこれを梃《てこ》にして政治的発言力の上昇を期待した。しかし、彼らから出された議案の多くは「立法府」と呼ぶにはあまりに粗末な、減税要求に偏ったものであった。

これには政党の基盤構造が影響している。近代日本の政党は、自由民権運動のあとの離合集散を経て自由党と立憲改進党という二つの政党を軸とした。従来、自由党は地主の利益を代弁する地方に足場を有する一方、改進党は都市の商工業者の利益を代表しており、両者は対照的な性格と政策を有していると見られてきた。しかし、現在では、両者のあいだには外交政策を別にすれば大きな政策対立はなかったことが明らかにされている（五百旗頭薫『大隈重信と政党政治』東京大学出版会、二〇〇三年）。両党は地主という共通する支持者層を背景に藩閥政府を批判し、地租の減額を要求するという似た構造を持っていたのである。

では、二つの政党を分けたものは何か。それは政策ではなく、近世以来の地域共同体であり、その領域がそれぞれの地盤となった。先に、明治政府は中央集権国家を形成するため、新たに行政区画を設定したことに触れたが、その一方で、衆議院議員の選挙区は郡を単位として構成し、旧藩間の対立が起きないよう、従来の政治的、経済的関係を考慮した線引きが行われた（清水唯一朗「日本の選挙区はどう作られたのか」『年報政治学』二〇一六―二、二〇一六年）。

人口一二万人あたりに一議席が割り振られたため、大半の選挙区は複数の郡から構成されることになった。そうすると、選挙区内に旧秩序に由来する複数の政治勢力が現れ、それぞれが別個に中央の政党組織と結びつく。当時の政治経済圏は川や山など自然の境界によることが多く、川の向こうが自由党と結べばこちらは改進党と結ぶという構造ができあがった。すなわち、初期の政党は旧来からの地域勢力の集合体であり、政策によって分かれたものではなかった。

郡内で対立がある場合は、候補当選のために同じ選挙区にある他郡の同党勢力と協力しなければならない。その際に取られたのは、候補者を交互に出す方法であった。これは「名誉の分配」と言われる、有力者間における議席のたらい回しをもたらすこととなる。

彼らの多くは当選一回で議席を降り、交代する。その結果、初期議会期の衆議院議員の平均任期は二年に満たず、彼らのなかに政策理解が生まれるはずもなかった。彼らが減税要求という直截《ちょくせつ》な政策に注力し、利益誘導に精を出したのはこうした構造によるものだった。私たちがよく知る尾崎行雄《おざきゆきお》や犬養毅《いぬかいつよし》といった連続当選議員は、ごく稀な存在であったのである。

スムーズな近代化の光と影

明治期における近代国家の形成は、おおむね成功したと捉えられている。国内の人材を集めて先進的な教育を行い、その人材を政府に集めて国家建設に尽力させた。それは官僚中心の行政国家の形成という面においては効率がよく、有効なものであった。

しかし、同時にそれはグラスルーツの民主化、近代化が脆弱なまま放置されたことも意味する。とりわけ、初期議会が「地主の議会」としての側面を強く持ち、広く国民全体に呼び掛けていく構造を持たなかったことは、近代国家を育てやすかった一方、それが成熟する際の障壁となっていった。

◉論点3　大正デモクラシーとは何だったのか

大正デモクラシーの発見

大正デモクラシーという用語は、政治学者の信夫清三郎《しのぶせいざぶろう》が『大正政治史』（全四巻、一九五一―五二年）、『大正デモクラシー史』（全三巻、一九五四―五九年）で使いはじめたとされる。それは明治期の自由民権運動に続いて、大正期に行われた第二の民主主義運動として捉えられる。

もっとも信夫は、大正デモクラシーは民主主義の正しい結果として生まれたのではなく、帝国主義の産物であったと否定的に捉えた。これに対し、松尾尊兊《たかよし》は普通選挙運動を軸に社会運動としての側面に肯定的な部分を見出し（松尾尊兊『大正デモクラシー』岩波書店、一九七四年）、三谷太一郎は民主主義的運動の模索という立場から、その思想的潮流の意義を重視した（三谷太一郎『大正デモクラシー論』中央公論社、一九七四年）。「外に帝国主義、内に立憲主義」と称される複雑性をどう評価するかは議論の的であった。

なかでも理解を難しくさせているのは、大正デモクラシーとされる時期がごく短期間で終わりを迎え、ほどなくして戦時期が訪れることをどう理解したらよいのかという問題である。それには大正デモクラシーと時を同じくした第一次世界大戦の影響が示唆される。とりわけ、欧州における総力戦の登場に刺激を受けて、社会体制を改造し、国内外にある対立を解消していくことで総力戦に対応できる体制を構築すべきという「「改造」思想」の登場が注目されてきた。この延長線上に、デモクラシーの状況が定着したことが戦時体制を支える構造を生み出したという議論が展開される（成田龍一『近現代日本史と歴史学』中公新書、二〇一二年）。

政府・官僚が強く、議会政治家が脆弱な明治時代を超えて、どのような時代が模索されたのだろうか。大正デモクラシーが政党政治の実現と普通選挙の導入という果実を手にするまでを捉えなおしてみたい。

二つの戦争――政党と官僚の「協働」

明治後期において民衆の政治意識を大きく変えたものは日清・日露戦争であった。日本はこの二つの戦争に辛くも勝利したが、膨大な戦費をまかなうため、国民は長期にわたって重い税負担に苦しむこととなった。国民の不満は高まり、それは政治参加を求める動きとなっていく。このため、多くの論者は、ポーツマス講和条約の内容に反対した日比谷焼打ち事件をもって大正デモクラシーの端緒とする。

政治参加と政治改革を求める国民に対し、政治の側から提示された解法が政党と官僚の協働であった。まず動いたのは伊藤博文である。以前から政党を立てることに意欲のあった伊藤は、日清戦後経営の行き詰まりを前に、一九〇〇（明治三十三）年、立憲政友会を創設した（三谷太一郎『日本政党政治の形成　増補』東京大学出版会、一九九五年）。伊藤はここで政界、官界、財界の横断を試みる。かつては渋沢栄一《しぶさわえいいち》ら中央財界の支持を得られなかった政友会の限界が指摘されてきたが、実際には地方財界の取り込みには相応に成功している。それは営業税の国税化、衆議院議員選挙権の改正による納税条件の緩和に伴う選挙権者の拡大、そして大選挙区制の採用による全県的な名望家への出馬待望論などが複合した結果でもあった。

政友会の創設はほかでもない、官界に大きな衝撃を与えた。これまでは薩摩と長州のあいだで内閣首班の交代が行われてきたが、これは藩閥「政権」内のたらい回しであり、実質的な政権交代ではなかった。しかし、伊藤が政党を組織したとなると事態は変わってくる。政権交代が藩閥と政党のあいだで行われるようになるからだ。

このころ、政府内、特に省庁内では藩閥官僚と学士官僚が対立していた。前述したように、学士官僚の多くは、地方名望家の子弟や、そこから学資を得た有望な若者であった。それは、彼らが地方において自由民権運動をはじめとする政治に近い場所で育ったことを意味する。しかも彼らが大学で理想として学んだのはイギリス流の議院内閣制であった。

藩閥官僚に批判的であった彼らが政党に接近するのは自然であった。政党（政友会）と藩閥（桂《かつら》系）とのあいだで政権交代が行われた桂園《けいえん》時代にあって、政友会内閣で要職に就いた官僚たちはそれに協力し、「政友会系」として系列化されていく（清水唯一朗『政党と官僚の近代』藤原書店、二〇〇七年）。こうして、藩閥批判を背景として政党政治に向けた基盤が整備されていった。

契機としての大正政変

日比谷焼打ち事件にはじまる大正デモクラシーへの流れが政治運動として顕在化したのは一九一三（大正二）年の憲政擁護運動（第一次護憲運動）である。もっとも、憲政擁護運動が民衆運動かといえば、それには大きな疑問符が付く。たしかに政党内閣である第二次西園寺《さいおんじ》公望《きんもち》内閣が陸軍大臣の辞任によって後任を得られず倒され、それに対する抗議運動が激化し、最終的には議会を取り囲んで桂太郎内閣を引きずり下ろしたことは事実である。

しかし、これは政友会と桂系のあいだで政策の距離が大きくなり、両者の提携が破綻した結果であると捉える議論が現在では通説といってよい。桂園時代において、政友会は野党時代も含めて政府から事前に政策に関する情報を提供されて、分野によっては事実上の事前審査を行うなど、単独で政権を担い得る力をつけていた（伏見岳人『近代日本の予算政治1900－1914』東京大学出版会、二〇一三年）。

両者の政策における差異が明確となったのは大陸政策である。政友会を率いる西園寺や原《はら》敬《たかし》が日露戦後経営のなかで国内政策を重視し、国民の負担軽減の観点から行政整理に注力したのに対して、桂とその周辺は積極的な大陸政策の実施を求めた（小林道彦『大正政変』千倉書房、二〇一五年）。桂が自らの領域と考える外交と財政において政友会が自律的な政策立案に転じたことは、桂園体制が崩壊する予兆であったといえよう。

この対立を利用したのが、尾崎行雄や犬養毅ら政党政治家であった。機を見るに敏であった彼らが「藩閥打破、憲政擁護」をスローガンに掲げたことで、日露戦後経営に不満であった民衆がこれに続き、政権崩壊に追い込んだ。第一次護憲運動が「大正政変」と呼ばれるゆえんである。

一九〇五年には日比谷焼打ち事件をひとつの契機として桂が西園寺に政権を譲り、一三年には第一次護憲運動の結果として山本権兵衛《やまもとごんべえ》を首班とする薩摩・政友会内閣が発足した。一八年には米騒動を受けて原敬・政友会内閣が生まれ、二四年には第二次護憲運動を契機に政権選択選挙が展開されて護憲三派内閣が誕生し、戦前の政党内閣時代がはじまる。

とりわけ、第一次護憲運動において民衆運動を契機として政権交代が実現し、その結果として桂系が立憲国民党の一部を母体として政友会と似た政官財を横断する立憲同志会を発足させたことは、政友会と同志会（のちに憲政会）という政党間の政権交代が現実のものとなったという意味において、議会に基盤を有する政党政治の定着を実感させるものであった（奈良岡聰智『加藤高明と政党政治』山川出版社、二〇〇六年）。

第二次護憲運動と政党政治の時代

一方で、およそ一〇年後の一九二四年に起こった第二次護憲運動は、第一次護憲運動とは大きく性質が異なるものと理解されている。

一九一八年、「初の本格的政党内閣」と称される原敬・政友会内閣が誕生した。原は軍部以外の大臣を自らの手で選び、戦前の内閣としては異例の長さとなる三年を越えて政権を担った。加えて、首相の暗殺という変事を受けても、後継の政友会総裁となった高橋是清《たかはしこれきよ》が政権を継いだ。つまり、属人的なガバナンスではなく、政党が継続的に政権を担うべきというコンセンサスが成立していたのだ。

もっとも、それはまだ政党間の政権交代を意味するものではなかった。第二保守党であった立憲同志会（のち、憲政会）は一九一四年に成立した第二次大隈重信内閣の与党となり、イギリス流の責任内閣制を志向した。そのため、彼らは元老の影響力を排除しようと独自路線を模索する。この結果、対華二十一ヵ条要求という稀代の失策を犯し、政権政党と見なされなくなっていた（奈良岡聰智『対華二十一ヵ条要求とは何だったのか』名古屋大学出版会、二〇一五年）。実際、高橋内閣が内紛によって倒れても政権は憲政会には回らず、加藤友三郎《ともさぶろう》内閣（海軍）、第二次山本内閣（海軍）と、官僚・軍部に政党が協力する挙国一致内閣が政権を担った。政党は、未だ単独で政権を担い、交代し続けることはできずにいた。

第二次護憲運動は、とりわけ政権から遠ざけられていた憲政会と、男子普通選挙の実施を強く求める犬養ら革新倶楽部が、同年五月の衆議院議員の任期満了・総選挙を有利に進めるべく起こしたものであった。すなわち、第二次護憲運動は政党が引き金を引いたのである。これに対して最大政党である政友会が、清浦奎吾《きようらけいご》内閣への支持をめぐって分裂したことで、政局の見通しは混沌とした。

総選挙後、元老・西園寺公望は衆議院第一党となった憲政会の総裁である加藤高明《たかあき》に政権を託した。加藤は政友会・革新倶楽部と連立政権を組み、堅実で安定した手法のもとで政治改革と政権運営を行い、憲政会は政権政党として元老に認められる（村井良太『政党内閣制の成立　一九一八～二七年』有斐閣、二〇〇五年）。

さらに憲政会は、政友会の分裂によって生まれた政友本党と合同して立憲民政党を形成する。憲政会も政友本党も官僚出身議員を多く擁する政党であり、以後、緊縮財政と中央集権を重視する民政党と積極財政と地方分権を主張する政友会という構図で、政策をめぐる二大政党制が構築される。これは、政党政治の実現をもたらす大きな変革であった。

普通選挙運動としての大正デモクラシーと旧秩序

そもそも大正デモクラシーの最大の眼目は政治参加の拡充、より具体的には選挙権の拡大であった。この観点からすると、大正期を通じて社会状況が大きく変化したことは注目すべきだろう。

大逆《たいぎゃく》事件《じけん》に代表されるように、知識層には明治末期から社会主義思想が浸透しはじめていた。それは高等学校や大学という場を通じて学生たちにも共有されていた。地方の優秀な青年であった彼らは、混迷する政治状況を目の当たりにし、都市の貧困を体感して、政治構造そのものへの批判を呈するようになっていた。

第一次世界大戦とそれによる社会構造の変化は世界中を席巻し、日本国内では改造主義として現れ、学生たちは構造改革を訴えて活動をはじめる。これを見た政府は若手官僚を再び盛んに欧米に留学させ、社会政策をはじめとする欧米の取り組みを学ばせ、国内に取り込んでいった(Sheldon Garon, The State and Labor in Modern Japan, University of California Press, 1990)。一九一七年、ロシア革命が起こり共産主義思想が浸透をはじめると、政府はこの取り締まりに神経をとがらせる。東京帝国大学においても吉野作造を中心とする新人会が動揺を見せ、急進的な勢力も生まれてくる。もっとも、一九二五年に男子普通選挙と併せて制定された治安維持法は、後年の戦時期の弾圧的なイメージとは異なり、この段階においてはきわめて過激な思想のみを取り締まる限定的なものであったことが明らかにされている(中澤俊輔『治安維持法』中公新書、二〇一二年)。

この議論のなかで考えるべきことは、男子普通選挙制度成立にいたる過程だろう。あまり知られていないことであるが、護憲三派内閣に先立って、中間内閣とされる第二次山本内閣も清浦内閣も普通選挙法案を作成していた。すなわち、普通選挙の実施は政党内閣か否かにかかわらず、すでに時代の必然であり、第二次護憲運動の本質的な争点ではなかった。

選挙権が与えられることが、長い間の大正デモクラシーの大きな目標だった。となれば、選挙権が与えられることが自明になることで、政党は政権獲得競争に向かう。この段階でひとびとがどのように振る舞うかが焦点となる。

デュヴェルジェの法則によれば、小選挙区は二大政党への収斂《しゅうれん》を呼び、大選挙区は多党制と政権獲得競争により多数派工作につながるという。近代日本では男子普通選挙導入に伴って小選挙区制が中選挙区制に移行し選挙区ごとの議席数は三〜五となったが、この法則に反して中選挙区下において二大政党への収斂が進み、社会民主主義を掲げる政党はその狭間《はざま》で確固たる地位を築くことができなかった。

その原因の第一は中選挙区制の組み方による。この中選挙区は、実質的にそれ以前の小選挙区を組み合わせたものであった。さらにその小選挙区は明治期の小選挙区と高い連続性を持つものであった。つまり、中選挙区はいくつかの小選挙区を組み合わせることで現職議員の地盤に手を付けず、選挙区が大きくなることでより広く民意を取り入れるように見せかけたものであった（清水唯一朗「立憲政友会の分裂と政党支持構造の変化」坂本一登・五百旗頭薫編著『日本政治史の新地平』吉田書店、二〇一三年）。

政治意識の面から見れば、改造主義の流れが旧来型の集票・投票構造を変えるには至らなかったことが指摘される。男子普通選挙の実施に際して懸念されたのは政治腐敗が進むことであった。このため、後藤新平《ごとうしんぺい》を中心に政治の倫理化運動が展開される。この時、後藤が幸内純一《こううちじゅんいち》に依頼して作成させた無声アニメには、ある青年職工が「政治は力なり」と書かれたレンガを壊し、「これでひとつ良いことをした」というシーンが描かれている。事大主義とムラ社会の構造のなかでは、饗応を拒むことがムラの秩序を混乱させる不正義であった(杉本仁『選挙の民俗誌』梟社、二〇〇七年)。そのため、自ら判断し、自らの良心に従って投票することの意義を説いて回る必要があったのである。

しかし、旧来型の秩序構造は容易には抜きがたく、後藤らの運動の効果は限定的であった。新しい政党は力を得ることがなく、既存政党が社会民主主義的な政策を取り込んでいったこともあり、政党の勢力に大きな変化は生じなかった。

大正デモクラシーの限界

大正時代は、前半を民本主義が風靡《ふうび》し、後半を改造主義が席巻したといわれる(成田龍一『大正デモクラシー』岩波新書、二〇〇七年)。第一次世界大戦を契機に、デモクラシーの潮流は藩閥政治を批判する民本主義から、平等の主張とともにモダニズムやナショナリズムを喚起する改造主義へと展開した。第一次世界大戦後の欧米に学んだ官僚たちがさかんに社会政策を進め、それは政友会、民政党の二大政党にも採用される。

二大政党が伝統的な地域有力者の支配構造の上に成り立ち、改造主義や社会政策を包括しながら歩みを進めたことは、より先鋭的な政党の登場を難しくさせた。二大政党を中心とした選挙マシーンや腐敗の構造を打破すべく、政治の倫理化運動や粛清選挙といった動きも見られたが、これらはいずれも官制のものであった。

大正デモクラシーは、政治参加の拡大という点において男子普通選挙までは到達したものの、参加後の大きな目標と理想を描くまでにはいたらず、失速していった。

◉論点4　戦争は日本に何をもたらしたか

西南戦争、日清戦争、日露戦争、第一次世界大戦、日中戦争、太平洋戦争。近代日本はほぼ一〇年に一度の頻度で大規模な戦争を繰り返してきた。このため、戦争を語ることは、近代日本を語ることにつながるとも考えられている（加藤陽子『戦争の日本近現代史』講談社現代新書、二〇〇二年）。これらの戦争がもたらしたものについて、それぞれ考えていきたい。

技術普及と政治変動をもたらした西南戦争

西南戦争の起きた一八七七（明治十）年は大きな転換点であった。中央省庁の機構はひとまずの完成を見て、幕末の動乱は収まりつつあった。大きく残された課題は、特権を失い、生活苦に追い込まれた士族の扱いであった。その最後の武力蜂起となった西南戦争は、西郷というアイコンの喪失によって武力反乱を終結させ、自由民権運動に方向を転換させた（小川原正道『西南戦争と自由民権』慶應義塾大学出版会、二〇一七年）。廃藩置県が不徹底であった鹿児島が新政府に服したことは、旧体制からの転換が全国に及んだことを意味する象徴的な出来事であった。

旧士族の歩兵に対して、徴兵によって集められ新式の訓練を受けた国民兵が勝利することで、近代国民軍の成功を強く印象づけたことは、近代への転換の画期となった。さらに、軍事的必要から電信線や輸送網が急速に発達し、軍用だけでなく民生にも活用されるなど、大きな波及効果を生んだ（藤井信幸『テレコムの経済史』勁草書房、一九九八年）。

しかし、大規模な内戦は、ただでさえ秩禄《ちつろく》処分によって台所事情の苦しい明治政府を重度の財政難に追い込む。とりわけインフレと貿易赤字の拡大は、政府内外に経済政策における対立を生み出していった（室山義正『近代日本経済の形成』千倉書房、二〇一四年）。ついには松方《まつかた》デフレにより国内経済社会に大規模な転換を迫るとともに、大隈の失脚、立憲政治への移行をもたらした。

国民意識をもたらした日清戦争と「日台戦争」

一八九四〜九五年に行われた日清戦争は、近代日本にとってはじめての本格的な対外戦争であった。一七世紀に明朝が滅亡し清朝に代わると、中華思想に代わるアイデンティティとして、国学が台頭するなど「日本」を意識する動きが進んだ。そして、明治維新という、中国が成し遂げていない近代化の「進展」は日本に自信を与えていた。そのため、日清戦争は中華思想から完全に離脱する好機と捉えられた。

それだけに、日清戦争は国家を意識させるものとなった。戦費を調達する国内債の募集には予定額を大幅に超える応募があり、徴兵年齢を超えている人々からは戦費の醵金《きょきん》運動が行われた。清国という外国との戦争により、それまでは帰属意識の希薄な客分であった民衆が国民としての自覚を持ったと評価される（牧原憲夫『客分と国民のあいだ』吉川弘文館、一九九八年）。地理的には存在しながらある種のフィクションであった国家が、リアルに捉えられたのである。日清戦争がもたらした最大の所産といえるだろう。

もうひとつ、日清戦争は日本にはじめての植民地をもたらした。台湾である。一八九五年に台湾を征服するための戦闘があった。日清間では日本への割譲が決まったものの、現地では抵抗運動が起こったため、それを鎮圧すべく台湾征討が行われたのである。研究者によっては「日台戦争」（檜山幸夫編著『帝国日本の展開と台湾』創泉堂出版、二〇一一年）とも称されるこの戦闘では、慣れない熱帯地域でのゲリラ戦に加えてマラリアが猛威を振るい、司令官の北白川宮能久《きたしらかわのみやよしひさ》親王をはじめ実に五〇〇〇人近くが戦病死した。

戦後も熱帯の気候が日本人の入植を阻《はば》む。当初、台湾はコストばかりがかかり利益のない難治の地とされ、積極的な植民政策は打ち出されなかった。この状況を大きく変えるのが、一八九八年に着任した児玉源太郎《こだまげんたろう》総督と後藤新平民政長官である。彼らは台湾の旧慣を調査し、インフラを整備し、産業を振興させた。主要産業としては砂糖がよく知られるが、実際にはアヘンも多く栽培され、日本に莫大な利益をもたらすこととなった。難治の地は豊饒の地となり、日清戦争で得られた多額の賠償金と併せて、戦争は利益をもたらすというイメージが生まれた。

かくして、日清戦争と「日台戦争」は国民意識と戦争への肯定的な理解を生んだ。名実ともに植民地帝国へのあゆみがはじまった。

第ゼロ次世界大戦としての日露戦争

それからちょうど一〇年後、一九〇四〜〇五年に行われた日露戦争は、近年、大きく評価が変わりつつある。二〇〇五年の日露戦争終結一〇〇年を契機に研究が飛躍的に深まり、そこから日露戦争を第ゼロ次世界大戦と捉える見方が示された。かつての戦争のように貴族階級と傭兵だけが戦うのでなく国民全体を巻き込んだ総力戦となったこと、近代兵器の初期形態が見られたこと、世界秩序に大きな変化をもたらしたことがその理由とされる（横手慎二『日露戦争史』中公新書、二〇〇五年）。

日清・日露戦争と並び称されるものの、この二つの戦争は規模において全く異なる。日清戦争の戦死者はおよそ一万三〇〇〇人であったのに対して、日露戦争はおよそ八万五〇〇〇人と七倍近い。日清・日露戦争の戦死者たちは地域において顕彰の対象となった。今日でも地域の神社や小学校の校庭に残る招魂碑や戦没者碑がそのことを伝えてくれる（関沢まゆみ編『戦争記憶論』昭和堂、二〇一〇年）。

より大きなインパクトがあったのは戦傷者であろう。日露戦争の戦傷者はおよそ一五万三五〇〇人に上る。当時の人口はおよそ四六〇〇万人だから、国民の〇・三％が戦傷者ということになる。これは当時の大学進学率より高い。これだけの人が日露戦争で体の一部を失ったり、機能障害を負った。戦死者と違い、戦傷者は可視化される。彼らの腕や足は戦勝の対価と見なされ、そうして獲得された帝国の権益は失ってはならないという感情的な言論を引き起こすこととなる。

もちろん、それは同時に反戦論をも呼び起こす。日露戦争に際して内村鑑三《うちむらかんぞう》や幸徳秋水《こうとくしゅうすい》ら知識人が非戦論を展開したことはよく知られている。しかし、彼らの主張が大きな広がりを見せることはなかった。なぜそれが普及しなかったのかはもう一度考えてみるべきだろう。

日露戦争ではメディアの役割が増したことも見逃せない。国運をかけた戦争に国民は釘付けとなり、新聞報道はナショナリズムを煽った(片山慶隆『日露戦争と新聞』講談社、二〇〇九年)。それまで新聞は地域にある縦覧所にまとめて置かれ、ひとびとは料金を払って読むことが一般的であったが、日露戦争を契機に戸別購読がはじまる。とりわけ、日清戦争のころから派遣されるようになった従軍記者が拡充され、彼らによる戦況報道が国民の目を惹きつけた。

象徴的な戦没者が称賛されたことも注目される(山室建徳『軍神』中公新書、二〇〇七年)。なかでも旅順《りょじゅん》港閉塞作戦における廣瀬武夫《ひろせたけお》や遼陽《りょうよう》の戦いでの橘周太《たちばなしゅうた》のように仲間を守って命を失ったものは英雄視された。彼らの死は報道だけでなく小説としても描かれ、唱歌にもなり、少年たちの心を奮い立たせた。彼らは軍神として崇《あが》められるようになる。

利権と不信をもたらした第一次世界大戦

一九一四年、サラエボ事件を契機に起こった欧州大戦(のちの第一次世界大戦)は、欧州列強が自国防衛で身動きが取れなくなるなか、日本がアジアで驥足《きそく》を展《の》ばす好機と見られた。日本にとって、労少なくして益の多い戦争であったとされる。

従来、第一次世界大戦への参戦は日英同盟に基づくものと理解されてきた。しかし、内実はそう単純なものではない。参戦に積極的な姿勢を示す第二次大隈重信内閣、なかんずく加藤高明外相に対して、イギリス側は日英同盟を発動しない旨を伝えていた。日本が権益拡大に踏み出すのではないかと警戒されたのである。こののち、戦況の悪化によってイギリスは態度を変えて日本に参戦を求めるが、日本側がイギリス側の要求を超えて戦闘範囲を拡大する意向を示したため、ふたたび依頼を撤回するという一幕もあった（千葉功『旧外交の形成』勁草書房、二〇〇八年）。

大隈内閣が政党内閣であり少数与党であったことも、内閣の戦争への姿勢を前のめりにさせていく。ドイツとの関係から参戦に慎重な元老・山県有朋の影響を嫌った大隈らは、元老の影響力を排して責任内閣制を実現したいという思いもあり、元老に外交情報の開示や相談を行わずに政策を進める方針を取った。対華二十一ヵ条の要求は、まさにこうした外交政策決定過程の変動のなかで生じたものであった（前掲、奈良岡『対華二十一ヵ条要求とは何だったのか』）。

その結果、日本は外交の基軸であったイギリスとの関係を悪化させ、他国からも中国に対する野心を疑われることとなった。労少なく益の多い戦争どころではなく、国際社会のなかにおける日本の位置にとって、大きな「失敗」であった。

戦後体制をもたらした太平洋戦争

太平洋戦争は、戦中のみならず戦後日本を規定するさまざまなものを残した。その最たるものは、戦後の高度成長をもたらす経済システムとされる一九四〇年体制だろう（野口悠紀雄『1940年体制　増補版』東洋経済新報社、二〇一〇年）。昭和戦前期に新官僚によって進められた行政権の強化が、総動員体制のもとで雇用や金融、税財政や再配分など多くの分野における行政の介入構造へと拡大した。所得税の源泉徴収のように今日まで残る制度も多い。戦時における統制経済の構造が、戦後の高度経済成長を支える制度的背景となったことは興味深い。

政策の担い手に視野を移してみると、官僚機構の温存と強化を強調する辻清明らの官僚制論と（辻清明『日本官僚制の研究』弘文堂、一九五二年）、サーベイ調査によって政党の優位を論じた村松岐夫《みちお》らの政党優位論（村松岐夫『戦後日本の官僚制』東洋経済新報社、一九八一年）がある。とりわけ、六〇年代までは特権的官僚、もしくは古典的官僚、国士型官僚が強い影響力を持ったことが知られている（真渕勝『社会科学の理論とモデル8　官僚』東京大学出版会、二〇一〇年）。

政治の側では、内閣機構の強化が盛んに進められていた。それは権力分立を基調とする明治憲法体制の改造であった。独裁を防ぎ、諸勢力の均衡を図る機能を有したこの構造では柔軟で速さのある意思決定ができず、非常時を生き抜くことが難しいと考えられたためである。しかし、それらの取り組みには不備が多く、実際のガバナンスは混迷した（関口哲矢『昭和期の内閣と戦争指導体制』吉川弘文館、二〇一六年）。

その象徴となるのが東条《とうじょう》英機《ひでき》とその内閣である。東条にはヒトラーと並ぶ独裁者のイメージが強いが、第二次世界大戦期における世界の独裁者を分析する研究に彼の名前は挙がってこない。確かに東条は、一身で首相と内務大臣、陸軍大臣、参謀総長とを兼任して、自らの存在によって権力の統合を図った。しかし、それだけの役職を兼任した東条でさえ、全体のガバナンスはできず、内閣総辞職に追い込まれる。それは彼が独裁者ではなかったことの証左であろう。（戸部良一『自壊の病理』日本経済新聞出版社、二〇一七年）。

もっとも、そうした明治憲法体制の限界は東条に先立つ近衛《このえ》文麿《ふみまろ》がすでに証明していた。抜群の血統と国民的な人気を誇り、思想的な強固さも持っていた近衛であっても、周辺の期待に反して、大政翼賛運動を成功に導くことはできなかった（古川隆久『近衛文麿』吉川弘文館、二〇一五年）。

近衛、東条の失敗は、天皇主権のもとでの権力分立体制という明治維新以来の日本の政治構造の限界を示すものでもあった。それは伊藤や山県といった建国の父祖共同体のもとでこそ機能するものであり、政党政治にも、時代の潮流にも合わなくなっていた。この反省から、戦後は内閣が国会の信任によって成立し、国会に対して責任を負うとする議院内閣制と、内閣総理大臣による国務大臣の任免権が憲法に明記されることとなる。

◉論点5　大日本帝国とは何だったのか

最後の論点として、近代日本は帝国主義とどう向き合ったのかを考えてみたい。西洋の衝撃に直面し、そこからの不羈《ふき》独立を目指した近代日本は、自ら帝国と称して清朝と戦った。そして大韓帝国を併合し、満洲国を建設し、太平洋に展開したのち、敗戦を迎えた。近代日本にとって「帝国」とは何であったのだろうか。大日本帝国のありようを考えることで接近してみたい。

「日本」と「日本人」――その広がり

大日本帝国とはどれだけの広がりを持ったのだろうか。版図の拡大に加えて、「日本」と「日本人」の領域を考える取り組みが進んでいる。植民地帝国として日本を捉えたときにまずイメージされるのは台湾と朝鮮であるが、北海道や沖縄も、侵略や同化政策が行われたという観点に立てば「植民地」であったとする見方が示され、ほぼ定着している（小熊英二『〈日本人〉の境界』新曜社、一九九八年）。

もっとも、そこで示されたのは「日本」と「植民地」のあいだに線を引くことではなく、同化に代表される包摂と、権利や旧慣保護に代表される排除の論理が共存していたという現実とどう向き合うかという問いであった。

この意味において、近年、ハワイや南北アメリカへの移民や、国内における内地雑居問題、そして戦後の引き揚げまでを視野に、アジア太平洋規模で日本人の広がりを捉えようとする試みがなされ（塩出浩之『越境者の政治史』名古屋大学出版会、二〇一五年）、政治のみならず、経済社会までを含めた「日本」の広がりをどう捉えるかが関心を集めている。

たとえば、アルゼンチンの首都、ブエノスアイレスにある移民博物館にはイタリア人移民と並んで、日本人移民の展示スペースが設けられている。そこには彼らが作った雛《ひな》人形や現地で発行した邦字新聞、母国から持参した衣服からレコードまで、戦前のみならず戦後にいたるまでの数々の資料が展示されている。現在、人口減少に直面するなかで、南米から日系三世や四世が日本に迎えられている。こうしたなかで、「日本人」の広がりを考える必要性は、以前とは比較にならないほど増している。

「日本」と「日本領」の広がり——主権線・利益線論

では、帝国の版図はどう広がっていたのか。よく知られるのは元老・山県有朋が唱えた主権線・利益線論である。これは山県がシュタインから学んだものであった（前掲、加藤『戦争の日本近現代史』）。当初、主権の及ぶ版図は北海道、本州、四国、九州、沖縄を中心とする列島であったが、海洋国家であった日本はこの主権域の安全を確保するために、その周辺に安全地帯を築きたいと考えた。これが主権線を取り囲む「利益線」となる。具体的には、朝鮮半島を親日的な状態に置き、主権域が直接に清朝やロシアの脅威に晒される恐れを取り払うことが企図された。

親日的となった利益圏には日本人が進出し、そこに新たな権益が生まれる。権益が生まれれば、それを保護する必要が生じる。加えて一八九五（明治二十八）年に台湾を領有し、一九〇五年に南樺太を得、一九一〇年に韓国を併合したことで主権域が拡がると、当然にして利益圏も拡大する必要が生じる。ここに台湾と向き合う福建省、韓国の北にある関東州と満洲、南樺太に向き合う沿海州や北樺太を利益圏にすべきという論理が生まれる。これは、無限の拡張を生む際限のない理論であった。

通常、主権線・利益線論は、軍事上の安全保障だけを示すものとして考えられてきた。しかし、江戸以前における飢餓の歴史を考えれば、食料安全保障の観点からも看過できない。

政府は台湾において砂糖の生産拡充に力を尽くし、朝鮮では大正期以降にコメの増産に向けた土地改良と品種改良に努めた。満洲では大豆が同様に増産の対象となった（大豆生田稔『お米と食の近代史』吉川弘文館、二〇〇七年）。そこでは品種改良も盛んに進められ、文明をもたらす帝国としての振る舞いが見られた（藤原辰史『稲の大東亜共栄圏』吉川弘文館、二〇一二年）。

こうして、内地の食は、外地における生産によって充足された。戦後直後にこれらの植民地を失った日本が、深刻な食糧難に晒されたことは、食料における植民地への依存をよく表している。大日本帝国は、内地にとっての食料安全保障体制だったとも理解できるだろう。

植民地帝国の広がりとその崩壊

植民地は、主権線・利益線論に代表される軍事上の意義、生産地としての食料安全保障上の役割に加え、政策の実験場としての意味も持った。植民地総督には行政官でありながら立法権が付与され、その指導のもと先進的な政策が実施された（浅野豊美『帝国日本の植民地法制』名古屋大学出版会、二〇〇八年）。

日露戦争後、内地の近代化はほぼ完成を見た。すると、若者たちは植民地を次なるフロンティアと見なして、そこに身を投じていく（松田利彦・やまだあつし編『日本の朝鮮・台湾支配と植民地官僚』思文閣出版、二〇〇九年）。大学で新渡戸稲造《にとべいなぞう》や矢内原忠雄《やないはらただお》による植民地政策学の講義が人気を博したこともこの文脈から理解される。

もっとも、優秀な官僚は植民地勤務を希望しても、なかなか叶えられなかった。国内統治が重視されていたことに加え、外地では気候や衛生状況のために早世するものが多く、優秀な人材は温存されたのである。これは初期の植民地官僚の多くが、高等文官試験の成績下位者であることからも示唆される。当初、政府は植民地統治を重視してはいなかった。

ここでも転機となるのは第一次世界大戦である。民族自決の世界的潮流のなか、朝鮮半島では一九一九（大正八）年に三・一運動が起こり、これを収めるべく、政府は武断政治を止めていわゆる文化政治に転じた。このとき、朝鮮総督府官僚の大規模な入れ替えが実施される。内務官僚中の有力者であった水野錬太郎《みずのれんたろう》が政務総監に任じられ、水野の求めに応じて多くの優秀な青年官僚が朝鮮に渡り、内地延長主義に基づく統治施策の転換に従事することになった（岡本真希子『植民地官僚の政治史』三元社、二〇〇八年）。

もっとも、植民地政策の評価はいまだ定まっていない。伊藤博文の韓国併合に対する捉え方をめぐる議論はその最たるものであろう（伊藤之雄・李盛煥編『伊藤博文と韓国統治』ミネルヴァ書房、二〇〇九年。小川原宏幸『伊藤博文の韓国併合構想と朝鮮社会』岩波書店、二〇一〇年）。さりながら、近年は「まず答えありき」の批判一辺倒の議論だけでなく、台湾における植民政策の実績を詳細に論じた研究や（春山明哲『近代日本と台湾』藤原書店、二〇〇八年）、統計と実証研究によって朝鮮統治の成果を検討する試みが進んでいる（木村光彦『日本統治下の朝鮮』中公新書、二〇一八年）。

第一次世界大戦後の文化政策、内地延長主義は、朝鮮人、台湾人官僚の登用や帝国大学の設置、言論や集会の自由を部分的に容認するなど、内地における大正デモクラシー、政党政治の実現に呼応して進展した。もっとも、日中戦争がはじまると植民地はそれまでの帝国主義に代わる「地域主義」の構成員として捉えられ、「東亜新秩序」「大東亜共栄圏」の構成要素となる（三谷太一郎『日本の近代とは何であったか』岩波新書、二〇一七年）。太平洋戦争末期には台湾と朝鮮に帝国議会の議席が割り当てられるが、その制度のもとでの選挙は行われることなく敗戦となった。結果として、植民地が大日本帝国のなかで政治的発言権を持つことは最後までなかった。

広がりの要としての天皇

大日本帝国を考える際に天皇という存在をどう捉えるかということは欠かすことができない。しかし、それは長らく実証主義の歴史学では扱いにくい問題であった。それは政治的には天皇の戦争責任をどう考えるかという問題に直結するためであり、実証研究からすれば他の政治家と異なり天皇自身に関する資料が圧倒的に不足していたためであった。

そのため、一九八九年に昭和天皇が崩御したことは天皇研究の状況を大きく変えた。翌九〇年に『牧野伸顕《まきののぶあき》日記』(伊藤隆、広瀬順晧編、中央公論社、一九九〇年)が刊行されたのをはじめ、宮中関係者や側近たちの資料が次々と公開、刊行されていった。これを受けて、実証的な研究が加速度的に進むこととなった。

明治維新において、天皇の存在は徳川将軍家からの体制変革を進める際に、新政府の正統性を担保するものとして必要であった。もっとも、それは明治天皇個人が持つ権力ではなく、天皇家の歴史と伝統が持つ権威に依存するものであったが、近代日本が立憲君主国としての道を歩みはじめると、天皇個人の徳目も重視されるようになる(笠原英彦『天皇親政』中公新書、一九九五年)。

なにより西洋列強と比較した場合に、キリスト教に対応する国家の基軸が日本にはなかった。憲法起草者である伊藤博文は、キリスト教の「機能的等価物」として神格化された天皇が必要であるとした(前掲、三谷『日本の近代とは何であったか』)。ヨーロッパ型の近代国家を日本に取り入れるために家父長的な世界観の頂点に天皇を置き、憲法や教育勅語、さらには選挙権といった具体的な権利が天皇から与えられるというフィクションが生み出された。

明治天皇はそうした期待に応え、国民統合の象徴としての役割を演じきってみせた。のみならず、「天皇親政」という建前と「天皇不親政」という実態のあいだで政治的調整役として機能し、維新の元勲たちが政治的失敗を犯すと、彼らを元老として遇することでその政治生命を守る機能をも果たした（前掲、御厨『日本の近代3　明治国家の完成』）。

大正天皇は、そうした明治天皇の「大帝」としての存在感に対し、むしろ近代的な教育を受けたはじめての天皇として気さくに振る舞った（古川隆久『大正天皇』吉川弘文館、二〇〇七年）。しかし、病弱な体質に加えて、大正デモクラシーに代表される政治変化、第一次世界大戦にはじまる秩序変化に心労を覚え、次第に元勲たちを遠ざけ、明治天皇が忌避《きひ》した大隈重信に信頼を寄せた（真辺将之『大隈重信』中央公論新社、二〇一七年）。後年は病気がちであり、その存在感は薄い。

その跡を継いだ昭和天皇にとって、大きな経験は皇太子時代の欧州訪問であったという。原敬首相らの強い後押しによって実行された外遊で、皇太子はイギリス、フランス、ベルギー、オランダ、イタリアを訪問し、途中、セイロンやエジプトも見聞した。この過程で立憲君主のありようを学んだ天皇は、積極的な青年君主として歩みはじめる（伊藤之雄『昭和天皇伝』文藝春秋、二〇一一年）。

しかし、満州某重大事件の処理はその姿勢を変化させる。田中義一首相の生ぬるい対応に業を煮やした若き天皇は首相を強く叱責して退陣に追い込み、間もなく田中は急逝する。このことは、天皇をして立憲君主としての行き過ぎを自覚させ、その行動を縛るようになる。その後、天皇が強く自らの意思を表明したのは、二・二六事件の制圧や太平洋戦争末期の判断などごくわずかに限られる（御厨貴『戦前史のダイナミズム』左右社、二〇一六年、鈴木多聞『「終戦」の政治史　1943-1945』東京大学出版会、二〇一一年）。

すでに明治憲法体制が半世紀にわたる運用の歴史を積み上げており、明治とは異なり、天皇が調整に臨む余地はきわめて狭くなっていた。憲法の規定する権力分立が進み、統帥権をはじめとする天皇大権が、天皇自身がコントロールできないところで動いていく。それは、「天皇親政」という建前と「天皇不親政」という実態が、立憲君主制の定着と拡大のなかで機能不全に陥っていたことを端的に示している。太平洋戦争中、天皇制を存続させるため改革を行う動きもあったが、それが実現するより先に敗戦が訪れた（河西秀哉『「象徴天皇」の戦後史』講談社、二〇一〇年）。

大日本帝国とは何だったのか

大日本帝国の拡大原理は、主権線・利益線のくだりで見たように安全保障にあった。それが権益の拡大という経済目的と結びついたことで、無限の膨張を引き起こしていった。統合の中心となった天皇は、三代の代替わりを経るなかで、明治憲法体制の権力分立構造に抱合されていった。「天皇親政」という建前と「天皇不親政」という実態のもとでは、主権者でない国民はもとより、フィクションのうえでの主権者とされた天皇も統御できない国家が生まれていたのである。それこそが明治維新から八〇年弱、憲法制定から六〇年弱を経た大日本帝国のありさまであった。

第5章

現代

宮城大蔵

1964年東京オリンピック開会式（TopFoto/アフロ）

現代 関連年表

1945（昭和20） 広島、長崎に原子爆弾投下。連合国軍に降伏
1946（昭和21） 極東国際軍事裁判開始。日本国憲法公布（47年施行）
1951（昭和26） サンフランシスコ講和条約、日米安全保障条約調印
1954（昭和29） 自衛隊発足
1955（昭和30） 社会党統一。保守合同により自由民主党結成
1956（昭和31） 日ソ共同宣言。国連加盟
1960（昭和35） 日米新安保条約調印
1964（昭和39） 東海道新幹線開通。東京オリンピック開催
1965（昭和40） 日韓基本条約調印
1968（昭和43） GNP がアメリカに次ぐ第2位に
1970（昭和45） 大阪で日本万国博覧会開催
1972（昭和47） 沖縄返還。日中国交正常化
1973（昭和48） 第1次石油危機
1976（昭和51） 田中角栄をめぐるロッキード事件表面化
1978（昭和53） 日中平和友好条約調印
1985（昭和60） プラザ合意
1989（平成元） 昭和天皇崩御、平成改元。消費税導入。参議院選挙で与野党逆転
1992（平成4） PKO 協力法成立
1993（平成5） 自民党分裂。非自民連立政権成立
1994（平成6） 自社さ連立政権成立
1995（平成7） 阪神・淡路大震災。地下鉄サリン事件
2001（平成13） 中央省庁再編
2002（平成14） 日韓ワールドカップ開催。小泉訪朝、金正日総書記と首脳会談
2004（平成16） 自衛隊、イラク派遣
2005（平成17） 郵政選挙で自民党が大勝。郵政民営化法成立
2009（平成21） 民主党が衆院選で大勝し、政権交代
2010（平成22） GDP が中国に抜かれ、第3位に
2011（平成23） 東日本大震災
2012（平成24） 自民党が衆院選で大勝し、政権復帰
2016（平成28） 熊本地震。明仁天皇が退位の意向を示す

◉論点1　いつまでが「戦後」なのか

「現代」としての「戦後」

本書では、第二次世界大戦後を「現代」だとしている。教科書や、多くの一般書籍でも同様であろう。それだけ日本にとって第二次世界大戦での敗戦と、それにつづく変化は大きかったということである。

しかし、それが他国でも同じとは限らないことには、注意が必要であろう。欧州の多くの国にとっては、第一次世界大戦の方がはるかに多くの犠牲者を出したし、ロシア革命と共産主義国家・ソ連の誕生という巨大な事件も生み出した。

また日本では敗戦と、植民地帝国の解体、すなわち、明治以降に築き上げた朝鮮、台湾など植民地の瓦解《がかい》は同時に起きたため混同されがちだが、英仏といった第二次世界大戦の戦勝国にとって、植民地帝国の解体は、戦後に長い時間をかけて進行した苦痛を伴うプロセスであった。逆にアジア、アフリカ諸国にとっては、第二次世界大戦よりも、その後に進行した独立の獲得＝脱植民地化の方が、間違いなくより大きな出来事である。

第二次世界大戦の終結によって二〇世紀を前後に分け、かつ現代の始まりだと捉える日本の歴史観が、世界的に見れば相対的なものでしかないことを確認した上で、それでもなお、日本にとっては「現代」=「戦後」だと位置付けることの意味を考えてみたい。

戦後という時代の特徴を考察するには、それに先立つ「戦前」との対比が有効であろう。戦前の「大日本帝国」は「日本国」となったが、それが意味したのは、主権者が天皇から国民へと移ったこと、そして帝国が解体したことである。帝国についていえば、戦争末期に「一億玉砕」がスローガンとして叫ばれたが、「一億」は、朝鮮や台湾など、「外地」の人々を含めた数であった。敗戦によって帝国を喪失した日本は、縮小した七〇〇〇万人超の人口で再出発することになる。

政治力を誇った帝国陸海軍も解体された。戦前の統治機構を見てみれば、朝鮮総督や台湾総督、それに陸軍大臣、海軍大臣といった職位が目につく。それらが消え去り、安全保障という意味では、日米安保条約が日米安保「体制」として圧倒的な存在感を持ったのが戦後だといえよう。

社会という観点からすれば、戦前には江戸時代の名残をとどめた階級社会の側面があった。もちろん、普通選挙権の拡大や政党内閣の定着は、戦前期における政治上の重要な出来事であったが、その一方で皇族のみならず、公爵や子爵といった爵位を持つ旧大名家など華族、そして財閥などが、厳然たる上流階級を形成していた。

これに対して、戦後は何と言っても庶民が主役となった時代であった。国民が主権者となっただけでなく、一般庶民の爆発的な購買意欲が高度成長の黄金期をもたらした。戦前においては、対外戦争で勝利を重ねた「一等国」としての帝国の威信と、それに不可欠な徴兵制などが、国民に帰属意識をもたらす要素であったといえようが、戦後、憲法九条によって戦争や徴兵制から免れた一般庶民は、「皆がともに豊かになる」という高度成長と経済大国のアイデンティティーによって、一体感を獲得した。

このように、日本に大きな変化をもたらし、「現代」の出発点と目される終戦／敗戦であるが、戦前と戦後をまたぐ歴史像も提示されている。戦後の高度成長を支えたのは、戦時中の総力戦体制の下で形成された枠組みであったとして、「一九四〇年体制」を唱えた野口悠《ゆ》紀雄《きお》の著作（『1940年体制』東洋経済新報社）や、政治面において、満州事変が勃発した一九三一年から終戦と占領を挟み、自由民主党、社会党の二大政党が発足した一九五五年までを「危機の二五年」と捉える議論など（御厨貴『馬場恒吾の面目』中公文庫）、終戦／敗戦による断絶を相対化する見方である。とはいえ、いずれも終戦／敗戦の重要性を否定するものではない。

「戦後」はずっとつづくのか

さて、「現代」の始まりが終戦／敗戦だとすれば、現代とは戦争の後、すなわち「戦後」と重なるわけだが、この戦後という言葉は意外に厄介なものである。とりわけ、「いつまでが戦後なのか」という問題である。

この問いに対して最もシンプルに答えようとすれば、「日本が関わる次の大戦争が起きるまで」ということになる。その意味では、このまま「戦後一〇〇年」、「戦後一五〇年」と戦後が未来永劫《えいごう》つづくことが望ましいのであろう。しかし、これから先がずっと戦後というのでは、時代区分としては意味をなさなくなる。

また、「戦後」が内包する重要な要素は、満州事変や日中戦争から太平洋戦争へと至った戦争の影である。だが、日本全体の人口に占める戦争体験者の割合は、確実に減少しつつある。天皇・皇后は、戦没者の追悼にとりわけ力を尽くしておられるが、その最たるものである八月十五日の全国戦没者追悼式も、来年（二〇一九年）からは、戦後生まれの皇太子夫妻が引き継ぐことになる。

そして何よりも、連合国の占領下に置かれ、食糧難から餓死者も出た終戦直後の日本と、高度成長を経て「先進国の一員」「経済大国」の呼称をほしいままにし、その後、バブル崩壊と冷戦終結によって模索の時期を経てきた現代日本とでは、政治、経済、社会の実情や国際環境がまったく異なる。それを「戦前」との対比を前提にした、「戦後」という一つの時代で括ることがどこまで妥当なのか。

上記の諸点を踏まえれば、七〇年以上に及ぶ戦後の内実を再検討した上で、いつまでを戦後と見なすのが妥当なのかを探ることには、少なくない意義があるといえよう。

「もはや戦後ではない」

それでは、いつまでが戦後なのか。七〇年を超える戦後史に目を凝らしてみれば、意外に早い時期から「もはや戦後ではない」と言われていたことに気付かされる。

そのうち、よく知られているのは一九五六年度の『経済白書』に書かれた「もはや戦後ではない」という一文であろう。国民所得や工業生産が、戦前の水準を凌駕したことを受けたこの記述は、経済成長を控えた前途洋々たる日本経済を祝福するものであったかに受けとめられることも多い。しかし、実際の文脈は以下のようなものであった。

すなわち、戦後復興の速やかさを「誠に万人の意表外にでるものがあった」と述べる同白書は、同時に「敗戦によって落ち込んだ谷が深かったという事実そのものが、その谷からはい上るスピードを速からしめたという事情も忘れることはできない」と指摘する。

そして「貧乏な日本のこと故、世界の他の国々にくらべれば、消費や投資の潜在需要はまだ高いかもしれないが、戦後の一時期にくらべれば、その欲望の熾烈さは明かに減少した。もはや「戦後」ではない。われわれはいまや異った事態に当面しようとしている。回復を通じての成長は終った。今後の成長は近代化によって支えられる」と説くのである。

こうして見れば、「もはや戦後ではない」とは、戦災からの復興という需要を一通り食べ尽くした日本経済にとって、この先、どのようにして更なる成長が可能なのかという危機感の発露なのであった。

戦後復興を終えた日本にとって、その先の鍵になるものは何であろうか。同白書は「世界の二つの体制の間の対立も、原子兵器の競争から平和的競存に移った。平和的競存とは、経済成長率の闘いであり、生産性向上のせり合いである。戦後一〇年われわれが主として生産量の回復に努めていた間に、先進国の復興の目標は生産性の向上にあった」という。当時、一人当たりの日本の国民所得は、トルコやメキシコと同水準であった。白書からは、欧米先進国を手本として「追いつき、追い越せ」の気概が溢れ出るかのようである。文中にある「経済成長率の闘い」は、憲法九条によって国際的な権力政治の舞台から降りた日本にとって、新たな国家目標となり、その追求と実現が国民に一体感をもたらすことになったのである。

「わが国にとって戦後は終わらない」

「戦後は終わったのか」。この問いに関して、上述の経済白書と並んでよく知られているのが、一九六五年八月、戦後の首相としてはじめて米軍統治下の沖縄を訪問した佐藤栄作が那覇空港で行った演説であろう。

佐藤は、「沖縄が本土から分れて二十年、私たち国民は沖縄九十万のみなさんのことを片時たりとも忘れたことはありません」と語り、「私は沖縄の祖国復帰が実現しない限り、わが国にとって「戦後」が終っていないことをよく承知しております。これはまた日本国民すべての気持ちでもあります」と述べた。

前述の経済白書が、戦後復興の終わりをもって「もはや戦後ではない」と宣言したのに対し、佐藤は日本が独立を回復したサンフランシスコ講和条約に際して、日本から切り離された沖縄の復帰を、戦後の終わりと関連付けたのである。

佐藤はそれから一年ほど前、自民党総裁選出馬を前に政権構想について語った際も、「ソ連には南千島の返還を、アメリカには沖縄の返還を積極的に要求する。領土問題が片づかないと「戦後は終った」とか、日米パートナーシップの確立とか、ソ連との平和外交の推進とかはいえない」と述べている。

敗戦によって失われたものとして、人命や国富が筆頭に挙げられようが、可視的に残りつづけるものとして分離された領土は分かりやすく、国民感情にも結び付きやすい。沖縄のように多くの住民がいれば尚更である。

佐藤が政治生命を賭けた沖縄返還交渉を経て、一九七二年に沖縄の施政権は日本に返還され、四七番目の都道府県として沖縄県が発足した。それでは、そこで戦後は終わったのか。憲法九条を掲げた「平和国家」としての戦後日本と、日米安保を支える米軍基地の多くを抱えることになった沖縄。そのコントラストも戦後の所産だが、沖縄基地問題という「戦後」には、出口が見える気配すらない現状である。

北方領土については、冷戦終結とソ連解体を好機と見た宮澤喜一首相が、一九九二年七月に「北方領土問題の解決が戦後の終わりになる」と、踏みこんだ表現で意気込みを語ったことがある。切り離された領土を回復することによって戦後に終止符を打つ。その水脈がつづいていることが見て取れる。

講和によって実現できなかったことを解決するという点においては、ソ連との平和条約締結、そして朝鮮民主主義人民共和国（北朝鮮）との国交樹立も、「戦後の終わり」に連なる課題だといえよう。いずれも歴代首相が挑んで果たせなかった難題である。

一九七〇年代、そして冷戦と昭和の終焉

福永文夫・河野《こうの》康子編『戦後とは何か』上下（丸善出版）は、著者らが政治学、歴史学、国際関係論など、多彩な分野の専門家に「戦後とは何か」を問いかける興味深い対話集である。ここでの論点と関わるのは、少なくない専門家が戦後の終わりとして一九七〇年代を挙げていることである。

国際政治学者の渡邉昭夫は、日本でも一九七〇年代に近代からポスト産業社会へという大きな移行があったはずだというキャロル・グラック（米コロンビア大学教授）の議論にコメントする形で、一九七〇年代にやはり一つの節目があったことを示唆する。それは一九五六年度の『経済白書』が、「今後の成長は近代化によって支えられる」「平和的競存とは、経済成長率の闘い」だと言い切ったような成長や近代化を無批判に肯定する時代精神の終焉を意味するものであった。

また渡邉は冷戦にしても、一九八九年に突然終わるのではなく、七〇年代からの変化の帰結だと捉えることを提起する。確かに米ソ冷戦の終焉は八〇年代末だが、たとえばアジアでは七〇年代の米中接近によって冷戦構造が大きく変化し、ソ連を睨んだ日米中による疑似同盟の下、アジアは経済成長で覆われる地域へと変貌する。その意味では、ベルリンの壁崩壊をエピローグとする米ソ、かつ欧米を中心とした冷戦史が、日本とその周辺には必ずしも適合的ではないともいえる。

とはいえ、米ソ冷戦の終焉が日本人の心象風景において大きな節目となっているのも確かであろう。それは冷戦終結が昭和の終わり、そして五五年体制やバブル経済の崩壊と前後して起きたことが大きい。冷戦終結直後には「これからは経済の時代、日本の時代だ」という高揚感も見られたが、程なくして湾岸戦争での迷走という苦境に沈む。米ソ冷戦という固定的な環境の下で経済大国への道を邁進するという戦後日本のあり方が、根底から問われているという議論も活発化した。

そこから始まった平成も三〇年余で幕を閉じようとしている昨今、時代としての「平成」を総括する企画も目につき始めた。国際的に見れば冷戦終結直後に「世界新秩序」を掲げたアメリカはトランプ大統領の下で「自国第一《アメリカ・ファースト》」に転じ、ポスト冷戦後の到来を感じさせる。「戦後」に終止符を打ち、一つの時代として完結させるには、戦後につづく時代を規定し、特徴付け、そして名前を与える作業が不可欠である。それが説得力をもって成し遂げられたとき、「戦後はいつまでか」という議論は、自ずと終息するであろう。

◉論点2　吉田路線は日本に何を残したか

戦後日本の国家戦略

戦後日本には、本格的な国家戦略がなかったと言われることがある。その大きな理由は、国家戦略の中でも要となる軍事・安全保障の主舞台から、戦後日本が退いたことに求められるであろう。

確かに戦前の日本は欧米列強に比肩して巨大な帝国陸海軍を擁し、アジアに植民地帝国を築くなど、往時において、疑うべくもない国際政治の重要なアクターであった。それに対して戦後の日本は、「一国平和主義」、あるいはアメリカの「核の傘」の下で、軍事・安全保障面においてどこまで独立した存在であったのか、疑問が残るのは確かである。

だが、そのことはただちに、戦後日本に国家戦略が欠如していたことを意味するわけではない。戦後日本の国家戦略として筆頭に挙げられるのが、ここで取り上げる吉田路線である（吉田ドクトリンとも呼ばれる）。

吉田路線なる言葉が使われ始め、世に定着したのは、実は吉田茂が首相として活動した一九五〇年代ではなく、吉田没（一九六七年）後の一九八〇年頃であり、永井陽之助（東京工業大学教授）、高坂正堯《こうさかまさたか》（京都大学教授）といった研究者が用い始めたものである。

その内容は、「アメリカとの同盟関係を基本とし、それによって日本の安全を保障する」「そのことによって、日本自身の防衛費は低く抑える」「そのようにして得られた余力を経済活動に充て、通商国家としての日本の発展を目指す」というものである。永井や高坂は、こうした「軽武装・経済重視」の路線を、吉田の政治的なリアリズムであったとして、高く評価した。

一九八〇年代といえば、日本が世界的な経済大国としての地位を確たるものとし、「日本的経営」などがもてはやされた時期でもあった。その中にあって、戦後日本の選択の正しさを裏付けるものとして、吉田路線という言葉は世に受け入れられ、定着したのであった。

終わったはずの「吉田時代」

このように描くと、吉田が首相として築いた礎《いしずえ》から世界に冠たる経済大国へと、戦後日本の成功物語は一直線にすっきりと進んだかに見える。しかし実際には、そのような平板なものではなかった。

筆者はかつて、防衛大学校長などを歴任した五百旗頭《いおきべ》真《まこと》教授に付き添って、宮澤喜一の聞き取りに同席したことがある。一九九〇年代に首相を務め、五五年体制最後の首相となった宮澤だが（宮澤の次に非自民連立の細川護熙《もりひろ》政権が成立する）、サンフランシスコ講和会議にも随員として出席するなど、戦後政治を当事者として生きた稀有な証言者でもあった。

その宮澤の代表的な著作が、一九五六年に刊行された『東京―ワシントンの密談』（中公文庫）である。「密談」と題されているように、同書で宮澤は、池田勇人《はやと》蔵相の秘書官として経験した講和や日米安保条約、日本再軍備をめぐる対米交渉などについて、生々しく記述している。

聞き取りに際しての私の疑問は、講和条約の発効から四年後という早い段階で、なぜ宮澤があのような一種の「暴露本」を刊行したのかという点であった。果たして宮澤の答えは、同書は回顧録であったというものだった。宮澤が首相に就くのは一九九一年である。五六年に回顧録とはどういうことであろうか。

宮澤は、一九五四年末に吉田が首相の座を追われて鳩山一郎政権が成立すると、「鳩山さんに代表される追放復活者の方々の顔ぶれを見て、彼らの信条通りの政治が実現すれば、明らかに戦前にさかのぼることになるわけですから。私たちとは明らかに違う人たちが戻ってきた」「吉田さんや池田勇人さんらと戦後の一時代に一緒に働きました。ですから、吉田さんの退陣で、どう考えても自分の仕事はそれで終わったという感じをもったのです」と語る（五百旗頭真他編『宮澤喜一　保守本流の軌跡』朝日新聞社）。

宮澤にとって、戦前派の鳩山一郎や岸信介《のぶすけ》は自分たちとまったく感覚が違う。だからといって権力闘争に執念を燃やすわけではないのが宮澤らしいところで、そんな連中は相手にできないとばかり、軽井沢に籠もって回顧録を書いたのであった。

このように同時代においては、吉田の退陣とともに池田や宮澤を含め、「吉田茂とその時代」は終わったと見なされていた。実際、吉田が政権の座を追われたとき、世間の評判はさんざんなものだった。権力への執着や大衆を見下す貴族趣味といった吉田と対照的だとして、「鳩山ブーム」が起きたほどだった。サンフランシスコ講和条約を花道に退陣していれば名声を保つこともできただろうに……というのが吉田の評価だったのである。

「反吉田」の系譜

吉田を追い落とした鳩山一郎や岸信介は戦前以来の実力者であり、それゆえに占領期においてはGHQ（連合国総司令部）による公職追放にあって、表舞台から姿を消していた。占領終結に前後して彼らが政界に復帰したとき、日本にあったものはGHQが骨格を示した新しい憲法、本格的な体制を欠いた国防など、戦前の実力者であった彼らにとって、真っ当な独立国とは言い難いものに見えた。

鳩山らは、吉田政治の「歪み」を正すとして、「自主憲法制定」と「再軍備」を政治の根幹に据えようとした。外交面においては「対米自主」が掲げられ、サンフランシスコ講和では果たせなかったソ連や中国との国交樹立が目指された。アメリカは、鳩山首相が日本を中立主義に導くのではないかと懸念した。また、社会党の勢いも増していた。アメリカは一九五〇年代を通じて「日本中立化」の懸念を抱きつづけ、それが安保改定交渉における対日譲歩にも繋がった。

しかし一九六〇年、その安保改定をめぐって岸首相は激しい反対闘争に直面して退陣を余儀なくされる。安保改定自体は、日本の主体性を回復する性格が強かったが、アメリカ主導の冷戦に巻き込まれるのではないかという不安、そして何よりも強権的に見えた岸の政治手法が、戦前回帰に対する広範な警戒感を引き起こした。

そして岸退陣後に首相の座に就いたのが、吉田直系の池田勇人である。池田は「寛容と忍耐」「所得倍増」を掲げて鳩山や岸など「反吉田」の路線を転換させた。一九六四年には東京オリンピックを開催し、敗戦国でもなく、戦前の軍事強国でもない、新たな日本の登場を世界にアピールしたのである。

こうして高度成長たけなわの池田、佐藤政権期には吉田について、戦後日本の礎を築いた大政治家としての評価が定着していった。一九六七年に吉田が八十九歳で没したとき、その葬儀が戦後で唯一、国葬として執り行われたことは、吉田の地位の確立を象徴していよう。

吉田の没後も日本は順調に経済成長をつづけ、一九六八年には西ドイツを抜いて自由主義陣営においてGNP第二位となった。また冷戦という二極化した構図の中で、日本は良くも悪くも自由主義陣営の一員として行動するほかなく、安全保障に関して独自の判断を迫られることも稀であった。このような国際環境が、吉田路線の志向する軽武装や、軍事・安全保障に対する消極的姿勢を日本が維持することを可能にした。つまり、経済成長と冷戦という固定的な国際環境が、吉田路線を「成功」と見なす基盤を形成したのである。八〇年代における「吉田路線」論の登場は、「吉田なき吉田路線の定着」（五百旗頭真）なのであった。

吉田のユニークさと潔さ

さて、このような吉田と吉田路線についての評価の変遷とは別に、占領下において実際に首相として吉田が選択したこと、しなかったことはどのようなことであろうか。第一に社会主義圏を含めた講和が望ましいという「全面講和論」を退けて米英主導の「単独講和」を進めたこと、第二に独立回復後の日本の安全保障については、占領軍である米軍に駐留を継続させて日本の安全保障を委ねる選択をしたこと、第三にその一方で、本格的再軍備を求めるアメリカや国内勢力からの圧力に抗して漸進的な再軍備とその結果としての軽武装を選択したことであろう。

この時期の吉田について、内外の史料を踏まえた研究を進めている楠綾子は、①戦前の日本が基本的に独力で自国の安全を確保しようとしたのに対し、吉田はアメリカに委ねようとした、②日本の安全保障上の負担を最小限にとどめようとした、という二点に吉田の独自性を見出し、特に②についての吉田の政治指導を強調する（楠綾子『吉田茂と安全保障政策の形成』ミネルヴァ書房）。確かに日米安保に加えて再軍備も進める方が、冷戦下においては普通の発想であろう。マッカーサーも、占領が終われば憲法九条は改正されると予想していたともいう。当時において吉田の選択は、実は相当にユニークだったといえるのかもしれない。

吉田が本格的再軍備に消極的だったのは、財政的負担が戦争で焦土と化した日本の社会・経済情勢を一層不安定化させ、ひいては共産主義勢力浸透の温床になりかねないこと、それに加えて本格的再軍備が旧軍人の復権に繋がることへの警戒感であった。言ってみれば、吉田は共産主義の浸透と旧軍勢力の復権という左右双方に対する危惧から、軽武装路線を選び取ったのであった。

このうち旧軍人復権に対する警戒感については、明治以来の帝国日本を破滅に追い込んだ旧軍に対する吉田の憤りの反映であったが、そこに旧軍人の日本人よりも旧敵国のアメリカの方を信用するという「逆転現象」を見てとる論者もいるかもしれない。だが吉田は、そのようなナショナリズム感情について、無縁といえるほど淡泊であったように見える。それは「負けっぷりをよくする」という吉田の言いぶりにも繋がるであろう。

考えてみれば戦後日本社会において、旧敵国であるアメリカに対する復讐心は、甚大な戦災にもかかわらず、驚くほどに希薄である。その背景には、アメリカによる講和が寛大なものであったこと、戦後日本の安全保障をアメリカに委ねたことなどが挙げられるだろうが、吉田が敗戦と占領を「負けっぷりよく」「丸呑み」したことも、大きな要因となったのかもしれない。

欠落したアジア

このような吉田の選択から欠落したものがあるとすれば、何であろうか。一般的にはサンフランシスコ講和は「単独講和」か、「全面講和」かと、米ソ冷戦の図式と重ねて語られる。その一方で、今日から見るとサンフランシスコ講和からアジアが欠落したことが、大きな影響を残したように思われる。講和会議には、米英の意見が対立して中華民国も中華人民共和国も招かれず（アメリカが前者の招請《しょうせい》を主張したのに対し、香港を抱えるイギリスが後者の招請を主張した）、韓国は、上海に存在した亡命政権が対日戦争に加わっていたとして講和会議参加を主張したものの、これが植民地独立に際しての前例になることを懸念したイギリスが反対して実現しなかった。また、中立主義を標榜したインドやビルマは講和が日米安保とセットになったことなどを批判して参加を見送った。

アジア諸国の多くが講和会議に参加しなかったことによって、戦争中に日本に蹂躙《じゅうりん》されたアジアの肉声は聞こえづらいものとなった。当初、米英は対日無賠償を掲げたが、講和会議に参加し、最大の戦争被害国の一つであったフィリピンの強い主張によって、日本軍に直接占領された国は賠償を請求できるとされた。とはいえ、それは日本経済再建の負担にならない範囲でという条件付きであった。

他方、そもそも日本国内では、日本が東南アジアで戦争した相手は欧米の宗主国であって、東南アジア諸国に賠償すること自体がおかしいという議論が根強かった。そこには敗北に終わったものの、大東亜戦争にはアジア解放という大義があったはずだという感情も幾ばくかは潜んでいたであろう。こうした国内の声を抑えるために日本政府は、賠償は日本企業再進出のための橋頭堡《きょうとうほ》となる投資だと強調し、戦争に対する償いであるという意識はさらに薄らぐことになった。

金額や支配方法によって賠償が軽減されたことは、戦後日本の早期復興を可能にした。しかし、それはアジアの戦争被害国の「赦《ゆる》し」によるものではなく、冷戦下で日本再建を重視する米英が主導したものであった。この「ねじれ」が、冷戦後に歴史認識問題が浮上する素地を形作った面もあるだろう。

吉田路線はいつまでか

近年、吉田路線という言葉は以前ほど聞かれなくなった。もはや、吉田路線は過去のものとなったのであろうか。「一等国」「欧米以外で唯一の列強」といった拠り所を敗戦で失った日本にとって、戦後は吉田路線の結実ともいうべき「世界第二の経済大国」が国際社会におけるアイデンティティーとなった。

だが、それも二〇一〇年には中国に抜かれて第三位となり、今や中国の経済規模は日本の三倍に達する。また、北朝鮮の核や中国台頭にどう対処するのか、昨今の安全保障上の課題に、吉田路線では答えを見出し難いのも確かであろう。

吉田路線はアメリカに安全保障を依存するぶん、経済成長に特化できるという安保と経済の連関が特徴であった。「第二の経済大国」の裏には、パックス・アメリカーナ（アメリカによる覇権）の下で日本が自身で安全保障の舵取りをせずに済む状況があった。しかし安保と経済成長はいつまでリンクしていたのか。そのリンクが切れたときが、吉田路線の終わりだったのかもしれない。

論壇では長らく吉田路線の是非が問われてきたが、現在の重要な論点は「吉田路線の次に日本はどのような路線を選ぶべきか」であり、「経済大国」に代わる日本のアイデンティティーはいかなるものなのか、という問いへの答えであろう。

◉論点３　田中角栄は名宰相なのか

なぜ「角栄ブーム」なのか

「田中角栄ブーム」だと言われて久しい。確かに書店の棚に目をやれば、田中角栄について書かれた本がずらりと並んでいる。主だった「角栄本」を見てみれば、早野透『田中角栄――戦後日本の悲しき自画像』（中公新書）、石原慎太郎『天才』（幻冬舎文庫）などが目につく。前者は「二〇一三年新書大賞の第二位」、後者は「累計一〇〇万部の大ベストセラー」と謳われている。

ほかにも別冊宝島編集部『田中角栄 100の言葉――日本人に贈る人生と仕事の心得』（宝島社）、後藤謙次監修『人を動かす天才 田中角栄の人間力』（小学館文庫）など、田中の人間力や人心掌握力の「秘訣」に迫ることを掲げた本も目立つ。それに加えて、ＮＨＫ「未解決事件」取材班『消えた21億円を追え ロッキード事件 40年目のスクープ』（朝日新聞出版）、奥山俊宏『秘密解除 ロッキード事件――田中角栄はなぜアメリカに嫌われたのか』（岩波書店）といったロッキード事件の関連本も書棚を飾る。

これだけ多彩な切り口で「角栄本」が刊行されるのだから、ブームと言われるのも当然であろう。さまざまな「角栄本」をテーマごとに大別してみれば、①田中角栄の人物伝、②その中でも田中の人心掌握力に注目し、ある種のビジネス本の体裁を施したもの、③首相経験者が逮捕されるという戦後最大の疑獄事件であるロッキード事件の真相に迫るもの、などに分類できそうである。それにしてもなぜ、今になってのブーム到来なのであろうか。

「戦後」の象徴

戦後七〇年の節目にあたる二〇一五年を迎えるにあたって、NHKでは日本人の「戦後七〇年観」を探る世論調査を行ったが、そこで戦後を象徴する人物の筆頭に挙げられたのが田中であった。全回答者のうち二五％が田中を挙げており、第二位の吉田茂（一三％）、第三位の昭和天皇（八％）などを圧倒的に引き離している。

その理由についてNHK放送文化研究所では、高等小学校卒業という学歴でありながら戦後最年少で首相に就任し、豊臣秀吉になぞらえて「今太閤」と言われたこと、独特の「ダミ声」にユーモアを交え、民衆を魅了した語り口、劇的な日中国交正常化を成し遂げる一方、ロッキード事件で逮捕、起訴され実刑判決を受けたこと、その後、政界の「闇将軍」として権勢の維持に執念を燃やしつづけたことなどを挙げ、「こうしたドラマチックな生き方が、多くの人の心に強く残っているのではないだろうか」と結論付ける（荒牧央、小林利行「世論調査でみる日本人の「戦後」」『放送研究と調査』NHK放送文化研究所、二〇一五年八月号）。

しかし、多くの人が田中を「戦後を象徴する人物」と見なすのは、田中の個人としての生き方だけが理由ではあるまい。本章では戦後を「庶民の時代」であったと特徴付けた。戦前の日本社会は、江戸時代の身分制度を引き継いだ面もあった階級社会が厳然として存在していた。これに対し、戦後は一般庶民が主役となった時代であり、その旺盛な消費意欲が、経済大国・日本を形作った。

庶民の台頭は同時に、地方から東京、大阪など大都市圏への大規模な人口移動を伴った。「金のタマゴ」ともてはやされた地方からの集団就職は、その典型例である。都会で中産階級となった一方で、故郷への郷愁も募る。そのような庶民の心情にとって、十六歳で新潟から上京し、「コンピューター付きブルドーザー」と言われた才覚とエネルギーによって首相の座にまで上り詰めた田中は、自分たちの時代の象徴だと見えても不思議ではあるまい。

また、対外関係において戦後とは、「アメリカの影」と切り離せない。占領期以来の政治、安全保障のみならず、文化その他、戦後日本のほぼ全分野に及ぶアメリカの影響力は、同時に「対米自主」の潜在的な願望を社会意識の底流に植え付けることになった。ここでも田中は、日本の頭越しになされた米中接近という「ニクソン・ショック」の直後に首相に就くと、果敢に対中国交正常化に踏み切り、また、折からの石油危機への対応として、独自の資源外交を展開したと見えた。

その後、ロッキード事件で失脚したことは、田中が自主外交で一線を越え、アメリカの逆鱗《げきりん》に触れたからだという言説を生み出すことになった。この意味でも田中は、戦後という時代の光と影を背負った存在だと受けとめられるのであろう。

「数は力」と「金権政治」

一方で昨今の田中ブームは、田中が現実政治と切り離され、歴史と化したことが大きな背景であろう。近年の日本政治を振り返ってみたとき、民主党政権の登場、さらに遡って小泉純一郎首相の辺りまでは思い出せても、それ以前については、今ひとつ鮮明な像を結ばないという読者も少なくないのではないだろうか。実のところ、五五年体制崩壊後の日本政治は、「田中の影」を払拭する過程であったと言っても過言ではない。

ロッキード事件により失脚し、政界の表舞台から退いた田中であったが、「数は力」を豪語して自らの派閥拡大に注力した。自らも衆議院議員として当選を重ねた田中は、自民党最大派閥となった田中派の「数」を武器に歴代政権の成立を左右して「闇将軍」と呼ばれるようになる。中曽根康弘首相も田中派の強い影響の下にあるとして「田中曽根内閣」などと揶《や》揄《ゆ》されたものであった。

やがて田中は、世代交代を求める竹下登の下克上によって自派閥議員の大半を失い（竹下は、田中派を割って新たな派閥を立ち上げた）、失意のうちに一九九三年に逝去する。しかし実質的に田中派を引き継いだ竹下登は、田中の政治手法を受け継いだかのように自派閥の拡大に努めた。

竹下は一九八七年に首相に就任するが、消費税導入の逆風に加え、リクルート事件（情報関連企業リクルートが自民党有力者などに子会社の未公開株を譲渡し、贈賄罪に問われた事件）によって退陣を余儀なくされた。だが、その後の竹下はかつての田中のように自派閥の勢力拡大によって自民党の実権を握る道を歩み、宇野宗佑《そうすけ》、海部《かいふ》俊樹、宮澤喜一といった歴代首相は、いずれも竹下派の意向の下に首相就任が可能になった。

「田中政治」の否定としての政治改革

しかし、権力のたらい回しと金権腐敗に対する世の反感は増す一方で、「政治改革」が国民世論を巻き込んで大きなうねりとなっていく。自民党の分裂もあって非自民連立の細川護熙政権が誕生すると、小選挙区主体の選挙制度と政党交付金という現代日本政治の骨格が新たに導入されることになった。

田中や竹下がお家芸とした「二重支配」とは、自らは表に出ずして実権を握りつづける、実権を握りつづけることによってカネが集まり、カネがさらなる勢力拡大の手段となる。田中的な政治手法には、金権政治を表裏とする面があった。そこには裸一貫でのし上がった田中にとって、財閥などの支援を受ける名門出身の政治家と異なり、がむしゃらなカネ集めは避けられないという事情もあった。いずれにせよ、このような「田中的な政治」を断ち切るべく、政権交代による浄化を可能にする選挙制度と、「カネと政治」の問題を解消する政党交付金が設けられたのである。

こうして「田中的な政治」の否定から始まった細川政権下の「政治改革」から四半世紀が経とうとしている。政治の問題点は「金権腐敗」から、権力の恣意的な行使や「忖度《そんたく》」へと移った。「田中的な政治」の負の側面は過去のものとなり、それに代わって田中の持っていた魅力が多くの人々を惹きつけている。

田中は四十四歳という若さで大蔵大臣に就任すると、職員を前にこう演説した。「われと思わん者は誰でも遠慮なく大臣室へ来てほしい。上司の許可を得る必要はない。できることはやる。できないことはやらない。すべての責任はこの田中角栄が背負う」。お手並み拝見という風情であった職員たちは、瞬時に田中に魅入られたという。「数は力」の田中政治であったが、多くの手勢を惹きつけたのは何もカネばかりでなく、田中が持つ人間的魅力、

「上に立つ者」としての度量とリーダーシップであった。現在の政治にそれが枯渇しているかに見えることが、「田中ブーム」の源泉であり、それは政治の活力衰退という現代日本が直面する深刻さの裏返しなのである。

日中国交正常化をどこまで主導したか

さて、「田中角栄ブーム」の読み解きはここまでとして、実際の政治家としての田中の事績を考察してみよう。論点として取り上げるのは、外交面における日中国交正常化と対米関係も絡むロッキード事件、そして列島改造などの内政面である。

まず、日中国交正常化である。田中は一九七二年七月に首相に就任すると、九月には戦後日本の首相として初めて中国の地を踏み、日中国交正常化まで一気に事を進めた。

これに先立つ同年二月にはニクソン米大統領がそれまで敵対関係にあった中国（中華人民共和国）を訪れ、米中両国の立場を記した「上海コミュニケ」を発表していた。アメリカは朝鮮戦争で中国と戦火を交えて以来、対中封じ込め政策をとっていた。その中国を米大統領が訪問したのである。ニクソン訪中は世界にとって驚きであったが、とりわけアメリカの圧力で大陸の共産党政権ではなく、内戦に敗れて台湾に逃れた国民政府と国交を結ばざるを得なかった日本にとっては、まさに「ニクソン・ショック」であった。その中で登場した新首相の田中が、一気に日中国交正常化を実現したのである。胸のすくような外交と見えたに違いない。ちなみに台湾防衛問題を抱えるアメリカが中国と国交正常化を実現したのは一九七九年になってからのことである。

こうして見れば、日中国交正常化は田中の果断な決断があればこそ、と見えるのは当然であろう。実際、「狂乱物価」と呼ばれた経済政策の混乱や金権スキャンダルで揺れた二年半あまりの田中政権にとって、日中国交正常化が最大の功績だといえる。

しかし実際には当初、田中は日中国交正常化にそれほど熱心ではなかった。当時の自民党は反共志向の強い岸信介や福田赳夫《たけお》など「親台湾派」と、日中国交正常化に積極的な「親中国派」に分かれていた。多額のカネも飛び交ったと言われる福田との激しい自民党総裁選挙を制して首相の座を摑み取った田中にとって、日中国交正常化は党内抗争を再燃させかねない厄介な問題だったのである(井上正也『日中国交正常化の政治史』名古屋大学出版会)。

「井戸を掘った人」

その田中が日中国交正常化に取り組むことになったのは、福田との総裁選を戦う中で、三木武夫、中曽根康弘といった派閥領袖が日中国交正常化を条件に田中を支持したためであった。また、田中と盟友関係にあった大平正芳《まさよし》も、戦前・戦時中の中国体験(大平は大蔵省から興亜院に出向して大陸に赴任し、日本陸軍によるアヘン売買など、日本の中国政策の暗部を目の当たりにしたと言われる）からくる贖罪《しょくざい》意識を背景に正常化に熱心であり、交渉の実質を取り仕切ることになる。とはいえ、対中交渉の実務を託した一部の外務省員の心を摑み、党内政局を含め、肝心な場面で方向付けをしたのは田中であったのも確かであろう（服部龍二『日中国交正常化』中公新書）。

田中＝日中国交正常化というイメージが強いのは、それに加えて国交正常化後の日中関係において田中、そして田中の系譜に連なる政治家が果たした役割が大きいことも理由であろう。田中がロッキード事件で逮捕、起訴され、有罪が確定した後も、中国要人が来日すると目白の田中邸を訪問するのが常であった。「井戸の水を飲むときは、井戸を掘った人のことを忘れない」と、中国要人たちは日中国交正常化における田中の功績を称えたが、実際には「二重支配」を通じて隠然たる力を持つ田中をキーパーソンと見なしてのことであった。

その後の日中関係においても、竹下登、野中広務《ひろむ》など、田中・竹下派の政治家たちが日中関係の主役となった。歴史や領土など、双方の国民感情が絡む問題の多い日中関係において、田中・竹下派が担った政治レベルの意思疎通はきわめて重要であった（城山英巳『中国共産党「天皇工作」秘録』文春新書）。

しかし、田中・竹下派の系譜は、「自民党をぶっ壊す」と叫んで登場した小泉首相によって政界における主役の座を追われる。小泉以降の日中関係の不安定さは、田中・竹下派の衰退と無関係ではあるまい。とはいえ、かつての安定は田中・竹下派の「二重支配」による継続性を前提としたものであり、その再現はおよそ非現実的である。新しい時代に見合った日中意思疎通のパイプはいかなるものか。いまだ模索がつづいている最中であろう。

ロッキード事件の真相は？

田中角栄の存在感を際立たせている要素の一つが、ロッキード事件である。首相経験者が逮捕されるという後にも先にも例のない一大事件であったが、田中が資源外交などによってアメリカの「虎の尾」を踏んだのがその背景だという言説は、後を絶たない。たとえば石原慎太郎の『天才』は、「私たちは田中角栄という未曾有の天才をアメリカという私たちの年来の支配者の策謀で失ってしまったのだ」と、この著者らしい筆致である。

一方、『秘密解除　ロッキード事件』は、解禁された米側の機密文書を分析して、米側の謀略であったという説を否定し、あわせて、田中の他に中曽根康弘、竹下登なども関係していた疑いがあるとの記録を明らかにする。この件で、アメリカ側に弱みを握られる形になった日本の保守政治家が、アメリカの利害に真っ向からぶつかる施策をとることは難しくなったのではないか。それが同書の著者による「見立て」である。

これに対して『消えた21億円を追え』は、関連資料や関係者を丹念に追った結果、ロッキード事件の本筋は田中の関与の焦点となった旅客機トライスターではなく、金額もはるかに大きい対潜哨戒機P3Cの日本導入に関わるものであったことを強く示唆する。当時、国産の対潜哨戒機開発も進められていたが、結果として日本は一機一〇〇億円超のP3Cを一〇〇機購入することになる。

巨費を費やしてアメリカから兵器を購入するのか、国産化志向か。防衛装備品をめぐる問題は日米関係の「奥座敷」ともいうべき世界であり、そこにはアメリカの「虎の尾」といった謀略説を超えた深淵が広がっているようにも見える。

いずれにせよ、日本が対米関係において協調、依存、自立といった道筋の狭間で懊悩を抱える限り、ロッキード事件は「戦後最大の疑獄」としてだけではなく、日本の対米関係を映し出す鏡として語られつづけるのではないだろうか。

「田中政治」は日本型社民主義だった？

田中政権の金看板であった「列島改造計画」は、結果として開発対象と目された地方各地での地価高騰を招き、石油危機を背景にした狂乱物価も相まって、混乱のうちに幕を閉じた。しかし、各種利益団体を通じた地方への利権誘導は、その後も田中・竹下派の影響力の源泉であり、小泉首相の郵政事業や道路公団の民営化には、宿敵である田中・竹下派の足場を解体するねらいもあった。

金権腐敗の温床、定見無きばらまき、あるいは地方の土建業が利益誘導の筆頭と目されることから「土建政治」とも言われた田中・竹下派の公共工事重視路線だが、雇用安定や所得再分配の側面に着目して、それを日本型社民主義であったと捉える向きもある。宮本太郎『福祉政治』（有斐閣）は、本来の社民主義は異なるものだとした上で、戦後自民党政治は社会保障への支出を抑制する一方、公共工事や業界保護による仕事の分配を通じて生活保障を行ってきたと分析する。その分配を差配してきたのが「田中的な政治」に他ならない。だが、それは政治的な恣意性とセットであり、折からの財政難も相まって、田中・竹下派の衰退とともに弱体化した。その後には「頼るべきセーフティネットがないままに失業や貧困に陥る人々が増大する」（同書）状況となった。

竹下派を敵視した小泉政権の下では「構造改革」の名の下に各種の規制緩和が行われ、結果として生じた非正規雇用の急速な増加は、昨今では格差の増大、未婚率の増加や少子化にも影響していると指摘される。昨今の「角栄ブーム」の背景には、「戦後＝庶民の時代」の結実ともいうべき「一億総中流」へのノスタルジーと思慕が込められているのであろうか。

こうして見てきたように、田中角栄は戦後日本の象徴であり、それと同時に、二一世紀を歩む現代日本の姿と歪みを「戦後」という観点から照射する存在なのである。

◉論点4　戦後日本はなぜ高度成長できたのか

戦後初期の「未来予想図」

戦前には非欧米で唯一の「一等国」「世界三大海軍国」などとして偉容を誇った大日本帝国であったが、敗戦によって帝国は瓦解し、国富の多くも灰燼《かいじん》に帰した。結果として戦後日本は、この論点4で扱うように、奇跡的とも称される高度成長を遂げ、世界に冠たる経済大国として復活するのだが、そのような道筋が最初から見えていたわけではない。

終戦直後の時点において、戦後の日本はどのような道を歩むと予想されていたのであろうか。それを知る手がかりとなるのが、一九四六年九月に外務省調査局が刊行した『外務省特別調査委員会報告　日本経済再建の基本問題』である（同報告書を読み解いたものとして、井上寿一《としかず》『終戦後史　1945-1955』講談社）。委員会のメンバーには主要なマルクス主義経済学者、近代経済学者など「当時の日本の経済学のブレーンがほぼ動員されていた……彼らは明治維新の志士でもあるかのごとく、大いに意気込んで議論をした」（大内兵衛《ひょうえ》東京帝大経済学部教授)。

議論の結果を反映させた『日本経済再建の基本問題』は、当時の惨憺たる状況から「少くとも昭和五年程度の水準に迄《まで》恢復《かいふく》すること」に経済回復の目標を定め、その方途として「綜合的具体的な再建年次計画が樹立されねばならない」と主張した。

同委員会は計画経済を高く評価し、ソ連の五ヶ年計画、アメリカのニューディール政策、イギリスの戦後復興計画を同じ計画経済と位置付け、第二次世界大戦を通じて、「国家または団体により国民生活の保障を確保せんとする傾向が増大しつつある」と捉えたのである。そこに日本における戦時中の統制経済の文脈を見てとることも不可能ではあるまい。

実際にその後、『日本経済再建の基本問題』に見られる統制経済志向は、食糧危機の克服などを主目的とする経済安定本部へと繋がる。それが自由経済の方向へと転換するのは、第二次吉田茂政権(一九四八年十月〜)の下である。吉田は「人為的な経済規則で縛るよりも、自然の経済法則によって鍛え直さなければならない」(吉田茂『回想十年』中、中公文庫)と自説を説くのであった。

統制経済か、自由経済かという論点以外に『日本経済再建の基本問題』が提示した興味深い未来像は、戦後世界における日本の位置付けである。そこでは「戦後の東亜においては中国印度を初め各地の急速な工業化が予想される」ことから、日本が得意とする軽工業製品との競合は避けられない。他にも賠償による日本の機械、化学工業の弱体化、植民地や勢力圏の喪失に伴う工業原料の著しい不足など、「各種の悪条件が山積している」と、悲観的である。

確かに終戦直後のこの時期、そもそも巨大な人口や国土、古《いにしえ》からの大文明を持つところに、共産主義革命や独立によって新たなエネルギーを注入された中国やインドがいよいよ目覚めるという予測は、世界的にも強かった。

そのようなアジア観も背景に『日本経済再建の基本問題』は、アメリカの重要性を認識しつつも、日本が「米国経済に対する全面的依存の性格を与えられることは避けねばならない」として、「東亜諸地域との分業協力関係の設定」を主張した。

サンフランシスコ講和をめぐって、米英など自由主義陣営との「単独講和」ではなく、ソ連など共産主義陣営も含めた講和を主張した「全面講和論」は、米ソ冷戦に巻き込まれることへの忌避に加え、単独講和では戦前まで強い結び付きを有した中国などアジアとの関係再構築が不可能となる、それでは戦後日本の経済的前途は開けない、という切迫した危機感も背景にしていた。

しかし実際にはその後、中国やインドは長い経済的混迷に沈み、一方で日本はアメリカへの輸出拡大を足がかりとして産業の高度化を遂げる。『日本経済再建の基本問題』の未来予想図は外れたと見るべきであろう。しかし一方で二一世紀初頭の今日、中国の経済的勃興は著しく、その後ろにはインドも控えている。これから先の未来を展望したとき、かつて『日本経済再建の基本問題』が描いた見取り図は、ある種のリアリティを伴って蘇る面があるのかもしれない。

占領改革か、総力戦体制か

論点1で触れたように、「もはや戦後ではない」（一九五六年度の『経済白書』）という有名なフレーズは、高度成長の到来を告げたものではなく、戦災からの復興という段階を終えた日本経済の前途に広がる茫漠《ぼうばく》とした不安を表したものであった。しかし実際の日本は、その前後から世界でも稀な高度経済成長に突入していた。果たして何がそれをもたらしたのであろうか。

戦後の経済発展の前提を形成したものとして、まず思い浮かぶのが占領期の改革であろう。財閥解体や独占禁止法の制定、不在地主から小作地の多くを国が強制的に買い上げ、小作人に安く売り渡した農地改革、労働者の団結権やストライキ権を保障した労働組合法の制定などは、高校の教科書などでも強調されているおなじみの事項であろう。

財閥解体や独占禁止法の制定は、戦後日本の産業界における特徴の一つである激しい競争を生み出すことになった。鉄鋼業や自動車業界のように比較的少数の企業間での競争になることもあれば、繊維のように数十社の競争になることもあったが、共通する激しい競争は結果として良好な市場機能を作り出し、経済成長の有力な要因となった。

また、農地改革によって自作農が急増したことは、生産意欲の向上や新しい米作技術の導入も相まって農業生産性の向上をもたらし、所得増加と国内市場の拡大に繋がった。そして労働組合運動の拡充は、一九五〇年代に繰り返された大規模な労働争議を経つつも、終身雇用制、年功序列賃金制、企業別労働組合を三本柱とする日本型労使関係の定着に至った。

これに加えて一九五〇年に始まる朝鮮戦争の前後には、日本開発銀行の創設など資本蓄積促進政策が相次いで打ち出され、戦後の産業政策の原型となった。また、産業復興や輸出促進に重きをおいた税制改革や積極的な外国技術の導入も行われた。中村隆英《たかふさ》はサンフランシスコ講和条約締結（一九五一年）の頃までには、「以後の高度成長のレールは、この時点までにほぼ敷かれていたといってよいであろう」と論じる（中村隆英『日本経済　その成長と構造』東京大学出版会）。

これに対して、占領改革に先立つ戦時中の総力戦体制の影響を指摘する議論も力を持つ。野口悠紀雄『１９４０年体制』などもその一つである（もっとも野口の議論は、総力戦体制の遺構からの脱却を説くものであった）。総力戦体制を精力的に論じてきた雨宮昭一《あめみやしょういち》は、「従来、占領と改革は総力戦体制と真っ向から対立するものと考えられてきたが、実は総力戦体制の方向を引き継ぎ、完成させたという面があるのではないか」と主張する（雨宮昭一『占領と改革』岩波新書）。

たとえば、厚生省の設立や国民健康保険の創設といった日本の福祉体制は、総力戦体制の中で導入され、戦後も岸信介など終戦前の総力戦体制に携わった人々によって推進されるといった構図が浮かび上がる。戦時であることを理由に、それまでは不可能であった「進歩的」な政策が推進され、戦後に引き継がれたという一面である。

前述の中村隆英も、戦時中に軍需工業が拡充されたことが戦後の重化学工業化の基礎となり、通産省や運輸省の強い行政指導力も、戦時中の商工省や軍需省の統制が引き継がれた面があると指摘する。占領改革と総力戦体制は、政治面における対照的な色彩とは異なり、経済面では連続性が色濃いということなのであろう。

追い風となった「人口ボーナス」

高度成長の要因としては、このような前提条件のみならず、国際環境も重要であった。日本は結果として見れば、GATT（関税貿易一般協定）やIMF（国際通貨基金）によって形成された自由貿易体制の最大の受益者であった。また、石炭に代わって主要なエネルギー源であった原油は、一九五〇年代以降、中東での油田開発が進んだこともあって六〇年代末までは供給過剰気味で価格も低下、ないし安定していた。いずれも「パックス・アメリカーナ」の産物であり、それらは石油危機などに直面した七〇年代に大きく揺らぐことになる。

ところで近年、少子化に伴う日本の人口減少が国家的な課題だと目されるようになっているが、人口動態という観点から高度成長期を見てみれば、「人口ボーナス」を上手く生かしたものであった。

人口ボーナスとは、経済発展などに伴って出生率が低下し、生まれる子供の数が減っていく過程において、労働力に適した年代の占める割合が人口構成の中で膨張する現象を指す。この層全てに仕事が見つかるなら、人口ボーナスは急速な経済成長の基盤になり得るのである（『世界人口白書１９９８』）。

日本の場合、人口ボーナスのスタートは一九三〇～三五年とアジアで最も早かった。しかし、第二次世界大戦によって資本ストックが壊滅状態となったため、人口ボーナスの実質的な効果は高度成長期に現れた。その代表例が一九四七～四九年に生まれた「団塊の世代」であり、この世代が生産年齢に達したのが一九六〇～六五年と、高度成長の最盛期と重なる。

高校進学率が六割、大学進学率も二割超と、「団塊の世代」の教育水準が高かったことも好要因であった。日本の人口ボーナスは一九九〇～九五年に終了して生産人口は減少に向かい、代わって高齢化に伴う医療費や社会保障費の急増が一大課題となっていくのである（大泉啓一郎『老いてゆくアジア』中公新書）。

貿易立国か、内需主導か

高度成長下の日本をめぐって相反するイメージの一つは、それが主として貿易を通じて達成されたのか、それとも内需主導であったのかという点であろう。貿易立国のイメージは、かつて「安かろう、悪かろう」と言われた日本製品が、自動車や家電製品を筆頭に、世界に冠たる高品質の代名詞となったことなどを考えれば確かにうなずくことができる。これに対して内需主導は、「三種の神器（テレビ、洗濯機、冷蔵庫）」を誰もが欲しがったことが旺盛な需要を生み出したと聞けば、確かな現実味を感じる。

この文脈とは異なるが、戦後初期には、日本は「貿易立国」を目指すべきか、それとも国家による統制の下で国内を重視した「開発主義」かという政策論争が交わされていた。代表的なのは都留重人《つるしげと》（一橋大学教授）、有沢広巳《ひろみ》（東京大学教授）らが唱えた「国内開発主義」と、中山伊知郎《いちろう》（一橋大学教授）らが主張した「貿易主義」との論戦である。

「国内開発主義」論者は、一九三〇年代の世界的な貿易戦争とブロック経済化といった経済的な対立が第二次世界大戦に至った経緯を念頭に置き、輸出振興策に慎重であった。これに対して「貿易主義」を提起する論者は、日本の場合、国内開発・地域開発では十分な発展を望めないことや、資源を海外に求めざるを得ない現実、そして戦後の世界市場が戦前よりもはるかに開放的であることを重視した（中山伊知郎「世界市場と日本経済」『経済評論』一九五〇年三月号）。

自由貿易体制の基盤であるＧＡＴＴ加盟をめぐっても、上述の論戦を背景に日本国内で意見は分かれたが、日本はアメリカの後押しもあって一九五五年にＧＡＴＴに加盟し、欧州諸国などから通商差別を受けながらも、貿易自由化を進めていくことになる。

こうして国際的自由貿易体制への参画は、高度成長の重要な要因となるのだが、とはいえ数字から見るならば、日本は貿易依存度が高いという一般的なイメージとは裏腹に、一九六〇年代から七〇年代にかけての日本の貿易依存度（国民総生産〔ＧＮＰ〕に占める輸出入合計額の割合）は、イギリスや西ドイツが三割以上に上るのに対して、日本は二割にも満たない。また、一九五五年から七二年の経済成長に対する純輸出（輸出マイナス輸入）の寄与率は一％に過ぎなかった（吉川洋『高度成長』中公文庫）。日本の高度成長の主要因は、輸出よりも投資や消費といったきわめて活発な国内需要であった。

日本はモデルか、異端か

非欧米世界において唯一、近代化に成功した日本はアジアにおいて例外的な存在である。なぜ日本だけが近代化に成功し得たのか。この問いはアジアの大半が植民地支配下に置かれていた戦前のみならず、アジアの多くが戦乱と貧困に沈んでいた戦後においても、非常にポピュラーなものであった。一九五〇年代、六〇年代の論壇誌で人気のあった「日本はアジアか」という問いも、その変形だといえよう。

その一方で、欧米という「文明標準」と比べたときの日本の後進性や、否定的な意味での特殊性を論じることも、日本の知識社会における主要な論題であった。高度成長に関わることでいえば、日本に特徴的であった職種別ではなく企業別の労働組合は、労働者の権利意識が低いという後進性の現れだと捉えられた。下請け関係などを含め、緊密な企業間関係が持続する傾向も、機械工業の裾野が未発達であるがゆえと見なされた。

ところが一九七〇年代に入って石油危機の余波に沈む欧米を尻目に、日本の経済成長の強靭さが際立ち始めると、こうした日本経済の特性は、むしろ日本企業の強さの源泉だと見なされることになる。一九七九年に日本語版が刊行されたエズラ・ヴォーゲル（ハーバード大学教授）『ジャパン アズ ナンバーワン』（TBSブリタニカ）は、肯定的な意味での日本特殊論の走りとなった一冊である。

ヴォーゲルはこの中で、「政府―実力に基づく指導と民間の自主性」「大企業―社員の一体感と業績」など、日本の美点を列挙する。仰ぎ見る大国であったアメリカの学者にこれほど賞讃され、当時の日本で話題にならないはずはない。しかしヴォーゲルは、同書が日本で刊行されることを望まなかったという。同書のサブタイトルは「アメリカへの教訓」であり、日本人が安易な自己礼讃に酔うことを案じたのであろう。

ちなみに同書は近年、『日本第一』と題して中国で刊行され、売れ行き好調だという。バブル崩壊とその後の沈滞という日本の経験を教訓としたいというのが、ヒットの要因だと言われる。

一九八〇年代後半から九〇年代になると、冷戦で疲弊した米ソを尻目に、日本経済が比類なき強さを誇るようになる。欧米における日本に対する好意的な「異質論」は、際限なく膨張をつづける不気味な日本イメージへととって代わられる。一九九〇年に日本語版が刊行されたカレル・ヴァン・ウォルフレン『日本／権力構造の謎』上下（早川書房）は、この時期に一世を風靡《ふうび》した「日本異質論」の代表格であろう。選挙はあるのに政権交代はない。市場経済のようでありながら部外者を排除する。それまで賞讃された日本の強みは、特異で不気味な政治経済システムとして描かれる。

その「日本異質論」もバブル崩壊とともに影を潜めた。二〇〇〇年代に入ると、中国台頭を前に、日本はアメリカと「価値を共有している」という言説が一部で強まる。そこで言及されるのは、専ら民主主義など政治面である。

欧米を念頭に置いた後進性と特殊性の呪縛から、肯定的な「日本モデル」へ。そしてその衰退と、経済を中心とした日本モデルの国際的評価の変遷は、そのまま日本の自画像の投影でもあった。

◉論点5　象徴天皇制はなぜ続いているのか

なじみのなかった「象徴」

「象徴天皇制」、あるいは「天皇は日本国の象徴である」。学校教育や日々の報道で頻繁に耳にすることもあって、この言葉や言い回しはすっかり耳慣れたものになっているといってよかろう。しかし、日本国憲法第一条の「天皇は、日本国の象徴であり日本国民統合の象徴であって、この地位は、主権の存する日本国民の総意に基く」が明らかになったとき、世の反応の多くを占めたのは、疑問や戸惑いであった。

憲法草案が諮られた枢密院でも異論が相次いだが、そもそも当時の日本社会において「象徴」という言葉自体が馴染みのないものだったという指摘もある（「ＮＨＫスペシャル」取材班『日本人と象徴天皇』新潮新書）。

他ならぬ美智子皇后が、二〇〇九年十一月に即位二〇年に際して行われた記者会見で次のように述べている。「戦後新憲法により、天皇のご存在が「象徴」という、私にとっては不思議な言葉で示された昭和22年、私はまだ中学に入ったばかりで、これを理解することは難しく、何となく意味の深そうなその言葉を、ただそのままに受け止めておりました」（以下も含め、美智子皇后の発言は宮内庁ホームページに依る）。

「象徴天皇制」の内実を満たし、安定したものとする試みと模索が、そのまま戦後の天皇・皇室の歩みであったといっても過言ではなかろう。占領期を含めた戦後初期の昭和天皇は、新生日本に適合する存在として新たに位置付けられ、メディアや文化人などを通じて昭和天皇の文化的側面や人間性が強調された。

しかしその一方で、サンフランシスコ講和条約の発効と日本の主権回復など、いくつかの局面において、「けじめ」をつける意味もあって昭和天皇の退位論が提起された。昭和天皇が在位をつづけることには、過去の戦争との関係で一定の不安定さが内包されていたことは否定できまい。

その不安定さを補ったのが、まずは若き皇太子の登場であった。一九五二年十一月に立太子礼が行われたが、その前日にはエリザベス英女王の戴冠式に明仁《あきひと》皇太子が出席することが発表された。敗戦という桎梏《しっこく》に区切りを付け、平和国家として国際社会に復帰したいと願う当時の日本において、このニュースが心躍るものとして受けとめられたことに不思議はなかろう。

だが皇太子への期待と人気はこのときの外遊がピークであり、天皇・皇室への関心と期待感を持続させることはできなかった。やがて注目されるようになったのが皇太子のお妃《きさき》選定である。戦前まで皇室に嫁ぐのは、公家や旧大名家などから成る華族の出身者ばかりであった。

「庶民」と結び直した絆

そこに登場したのが「平民」出身の正田《しょうだ》美智子であり、空前のミッチー・ブーム(「ミッチー」は正田美智子の愛称)が起きることになった。結婚後の皇太子夫妻は、それまでの皇室の慣習に従うのではなく、美智子妃が台所で料理を作り、乳母に預けず自らの手で子育てをした。高度経済成長の中で核家族化が進む当時の世相において、皇太子夫妻は近代的なライフスタイルを営む理想の家庭像に映ったのであった(河西秀哉『天皇制と民主主義の昭和史』人文書院)。

本章では戦後を「庶民の時代」であったと特徴付けたが、皇太子と美智子妃の成婚は、この時代の主役となった庶民と象徴天皇制との絆を結び直すというきわめて大きな意味を持った。美智子皇后は七十歳の誕生日に際して記者会の質問に文書で答え（二〇〇四年）、こう述べた。それまでの「心の内」について、群衆が詰めかけた成婚パレードの日を振り返りつつ、あの同じ日に、「（皇室の）長い歴史に、傷をつけてはならないという重い責任感とともに、私の新しい旅立ちを祝福して見送ってくださった大勢の方々の期待を無にし、私もそこに生を得た庶民の歴史に傷を残してはならないという思いもまた、その後の歳月、私の中に、常にあったと思います」。

美智子妃との成婚は皇太子（明仁天皇）にとっても、きわめて大きな意味を持った。皇太子は学習院高等科に在籍時、社会科で憲法、それも天皇の項目について授業が進められていたとき、隣席の初等科以来の学友にふと、こう漏らしたという。「世襲の職業はいやなものだね」。この学友は「この時期、同学年生の間で、皇太子ほど陰々滅々な男は他に見当たらなかった。老成して希望もなくくさり切っていた。正田美智子との出会いがこうした皇太子を根底から変えた」（橋本明『知られざる天皇明仁』講談社）と記す。

前述の即位二〇年の記者会見で美智子皇后は「象徴」の意味について、「陛下が「国の象徴」また「国民統合の象徴」としての在り方を絶えず模索され、そのことをお考えになりつつつ、それにふさわしくあろうと努めておられたお姿の中に、常にそれを感じてきたとのみ、答えさせていただきます」と述べた。

こうして見れば、当初いかにも心許なく見えた象徴天皇制という制度は、戦後という時代とそこを生きた人々によって内実を与えられたという重みに行き着くのではないだろうか。

一方で一九六〇年代、このような展開を「週刊誌天皇制」への堕落だとして強く批判したのが作家の三島由紀夫であった。取材のために皇居の奥深くにたたずむ宮中三殿の見学を許された三島は、「保存された賢所《けんしょ》の祭祀と御歌所の儀式の裡《うち》に、祭司かつ詩人である天皇のお姿は活きてゐる」と、宮中祭祀などに天皇制の光明を見出そうとした(原武史『昭和天皇』岩波新書)。

実際には平成に代替わりをしても、天皇・皇后の宮中祭祀に対する熱意は瞠目《どうもく》すべきものである。新憲法下の象徴として国民の幸福を祈る行為に、皇居で密やかに営まれる祭祀が深みをもたらす。その微妙なバランスが、天皇制の現在だということであろうか。

天皇の外遊にはどのような意味があるのか

戦後日本において天皇は国民統合の象徴である一方、対外的に日本を象徴する存在だと受け止められてきたといえよう。もちろん「象徴」である天皇が、外交に関わる権能を有しているわけではない。天皇の外遊に政治的意味を見出そうとすること自体が問題だという立場もあり得よう。だが、実際には象徴となった天皇の外遊は、以下で見るように政治的な影響や歴史の記憶、中でも過去の戦争と切り離せないものであった。

象徴天皇制の下で初の天皇外遊は、一九七一年、昭和天皇による西欧歴訪であった。経済大国として自信を深めつつあった日本にとって、西欧との間での戦争の記憶は希薄になっていたのかもしれない。

しかし、イギリスでは昭和天皇が植樹した木が切り倒される。さらにオランダでは、戦時中の蘭領東インド（現在のインドネシア）で女性や子供を含め数万人の民間人が日本軍に抑留され、多くの犠牲者を出していたこともあり、天皇は各地で罵声を浴び、魔法瓶を投げつけられて車のフロントガラスにはヒビが入るといった事件が相次いだ。

その四年後の一九七五年、今度は訪米が実現することになった。日本政府は訪米が天皇の戦争責任に関わる議論を引き起こすことを懸念し、アメリカのメディア各社に対して個別取材に応じるという異例の対応をとった。

そして訪米した天皇はホワイトハウスでの晩餐会において、訪米の目的について「私が深く悲しみとする、あの不幸な戦争の直後、貴国が、わが国の再建のために、温かい好意と援助の手をさしのべられたことに対し、貴国民に直接感謝の言葉を申し述べることでありました」と語り、好意的に受けとめられた。戦争の当事者であったと見なされる昭和天皇自身の言葉であるがゆえに、和解に向けた重みのある発言となったのだといえよう。

昭和天皇は一九七八年十月、中国の最高実力者となる鄧小平《とうしょうへい》が副首相として来日した際には、鄧小平が「電気にかけられたようだった」と振り返る予定外の発言を行っている。中国の指導者として初の天皇との会見に、その日の皇居・宮殿は緊張に包まれた。

「不幸な出来事もありましたが」というのがこのときの昭和天皇の発言だとされたが、実際には昭和天皇の方から真っ先に「わが国はお国に対し数々の不都合なことをして迷惑をおかけし、心から遺憾に思います。ひとえに私の責任です。こうしたことは再びあってはならないが、過去のことは過去のこととして、これからの親交を続けていきましょう」と率直に語ったようである。そうであればこそ、鄧小平は「ただ今の陛下の言葉に非常に感動しました」と興奮気味に応じたのであろう（城山英巳『中国共産党「天皇工作」秘録』文春新書）。

天皇の日本社会における影響力の大きさに着目した中国側は、その後、天皇の訪中実現によって日本の世論を惹きつけようと試みるが、訪中が実現したのは平成の世（一九九二年）になってからのことであった。

平成になってからの天皇の発言で話題を呼んだのは、二〇〇二年の日韓ワールドカップ共催に先だって、天皇が「私自身としては、桓武《かんむ》天皇の生母が百済《くだら》の武寧王の子孫であると、続日本紀に記されていることに、韓国とのゆかりを感じています」（宮内庁ホームページ）と、朝鮮半島との血縁関係に触れたことであった。植民地支配の過去もあって、とかく波風が立ちやすい日韓関係だが、天皇の発言に双方のナショナリズム感情の応酬を緩和させたいという意図を読み込むことも不可能ではあるまい。

アジア太平洋各地における戦争犠牲者への慰霊も、平成における天皇・皇后外遊の主要な要素となった。平成が終わりを告げ、戦後生まれとして直接的な戦争体験を持たない現在の皇太子が即位した後、新たな天皇・皇后の外遊がどこまで上述のような和解と慰霊の色彩を持つのか。注目すべき点の一つなのかもしれない。

天皇にとって沖縄とは何か

沖縄という四七都道府県の一つを取り上げ、このような問いを立てる意味はどこにあるのか。それは沖縄との関係に着目することによって、「日本国民統合の象徴」という現憲法下における天皇の役割が、生々しい起伏を伴って浮かび上がるからに他ならない。

占領期において、昭和天皇が沖縄について言及したものとして知られるのが「天皇メッセージ」と呼ばれる文書である。これはウィリアム・シーボルトGHQ外交局長がマッカーサーGHQ最高司令官に宛てた一九四七年九月二十日付のメモで、通訳として宮内庁御用掛をつとめていた寺崎英成《てらさきひでなり》を通じて天皇が、アメリカによる沖縄の軍事占領の継続を望んでいること、それは共産主義の拡大防止という点で日米双方にとって有益であること、アメリカによる沖縄占領は主権を日本に残し、長期の租借の形態で行われるべきとの考えを伝えてきたと記されていた。

この文書が一九七九年に米公文書館で発見されたとき、天皇自らが沖縄を切り離し、米軍占領下に留め置くことを希望したものとして衝撃をもって受けとめられた。太平洋戦争末期の沖縄が事実上、「国体護持」のための時間稼ぎの場となり、激烈な地上戦によって県民の四分の一が犠牲になった経緯を踏まえれば、なおさらであろう。その後の研究では、占領下の情勢に鑑みれば、「メッセージ」に込められた天皇の意図は沖縄の分離よりも、残存主権の確保に重点があったという解釈も登場する（ロバート・エルドリッヂ『沖縄問題の起源』名古屋大学出版会）。

一方で終戦間際から占領期にかけての昭和天皇の言動を精査してみれば、昭和天皇は沖縄をはじめ明治以降に日本の領土となった島嶼《とうしょ》については、「固有本土」と見なしていなかった可能性も指摘される（河西秀哉『天皇制と民主主義の昭和史』）。

とはいえこうした沖縄の扱いは結果として、昭和天皇に一種の贖罪の意識を抱かせることになったようである。沖縄の本土復帰後、昭和天皇は記者会見などで度々沖縄訪問の願いに言及し、一九七二年の沖縄復帰を記念して作られたメダルを愛用の懐中時計に付けて肌身から離さなかった。最晩年の病床でも手元においたが、結局、沖縄訪問は叶わなかった（『朝日新聞』二〇一八年三月二十六日）。

沖縄をめぐる前述のような昭和天皇の言動は、明らかに象徴としての立場を逸脱しており、統治権の総攬者《そうらんしゃ》という戦前の気配が色濃く漂う。慌ただしく憲法が改正される中、昭和天皇は「象徴」としての機能について十分に考える機会を逸したというのが実情のようである（茶谷誠一『象徴天皇制の成立』NHK出版）。それに対して明仁天皇は、最初から象徴として即位した初めての天皇であった。前述の美智子皇后の述懐のように、「国民統合の象徴」としての在り方を模索し、作り上げることに心血を注ぐことになった明仁天皇にとって、沖縄は心揺さぶられる存在でありつづけた。

明仁天皇は沖縄との接点について、「沖縄豆記者との出会いが私の心を沖縄に向けて開くよすがとなった」と振り返る。これは復帰前、米軍統治下にあった沖縄から子供たちが記者として本土を訪問する事業で、本土との紐帯《ちゅうたい》の象徴として一九六三年に当時の皇太子と会見が実現すると、沖縄豆記者との交流は定例化した（『知られざる天皇明仁』）。

一九七五年には皇太子夫妻が沖縄を初訪問するが、沖縄本島南部の慰霊碑、「ひめゆりの塔」で、壕の中に潜んでいた活動家から火炎瓶を投げつけられる事件が起きた。その夜、皇太子は侍従を通して「（沖縄戦で）払われた多くの尊い犠牲は、一時《いっとき》の行為や言葉によってあがなえるものではなく、人びとが長い年月をかけて、これを記憶し、一人ひとり、深い内省の中にあって、この地に心を寄せ続けていることをおいて考えられません」とのメッセージを発表する。

皇太子は天皇に即位後もことあるごとに沖縄に言及し、琉歌（和歌に対する琉球の歌）の手ほどきを受けて自ら詠むなど、深い思いを寄せていることが見て取れるが、それは上記のメッセージを自ら体現しようと刻苦する軌跡であったと見える。

天皇と沖縄が浮かび上がらせるのは、「国民統合」が絶え間ない努力によってはじめて持続的、かつ安定的なものになるという重さであろう。振り返ってみれば高度成長の下で皆が豊かになり、「一億総中流」が語られた戦後とは、国民統合が自ずと成り立ち得た時代であった（その例外が米軍統治下に留め置かれた沖縄であった）。経済的格差の拡大と固定化によって新たな「階級社会」が出現しているとすら囁《ささや》かれる日本の今後に、そのような安定的基盤があるだろうか。政治が国民統合を自明かつ盤石のものと錯覚し、政治的考慮を疎かにしたとき、国家の基盤たる国民統合は脆くも崩れ去るかもしれない。象徴としての天皇は、この国民統合を生身の課題として双肩で受けとめてきたのであり、それがゆえの沖縄へのこだわりであった。

象徴天皇制の将来はどうなるのか

近現代史における天皇制の危機は、言うまでもなく敗戦であった。占領政策の円滑さを重視したアメリカは天皇制のみならず昭和天皇の在位継続を方針とするが、同時代を見れば、同じ枢軸国であったイタリアでは国民投票（一九四六年）によって王政廃止が決まっている。

それから七〇年余りを経た二一世紀の今日、象徴天皇制の将来を左右する最大の要素は皇位継承の不安定化であろう。結婚した女性皇族が皇室を離れるという現在の制度の下では、秋篠宮《あきしののみや》夫妻の長男である悠仁《ひさひと》親王が天皇に即位する頃には、皇室の構成メンバーが大幅に減少しているという状況が不可避である。

小泉純一郎政権、野田佳彦政権の下で女系天皇の即位を可能にするための制度改正が検討されたが、保守派の反対も相まって沙汰止みとなった。まずは女性皇族が結婚後も公的活動に従事することを可能にする「女性宮家」の創設も提起されているが、女系天皇の登場に繫がりかねないという声もあり、第二次安倍晋三政権は消極的である。

このような日本国内の議論を離れ、王室を維持する世界各国の動向に目を向けてみれば、西欧諸国の多くにおいては、かつてはキリスト教の影響から、女性には神の代理人としてこの世を支配することはできないとして、男性にしか王位継承が認められていなかった。しかし近年では女性への王位継承や、男女を問わずに第一子の継承が優先される「絶対的長子相続制」が導入されている。

アジアでもタイでは一九七四年の憲法改正によって、女性への継承も可能になっている。このような潮流の根底にあるのは、男系男子にこだわる結果、王位継承が不安定化すること、そして現代世界に広く行き渡るようになった男女同権の観念である（君塚直隆『立憲君主制の現在』新潮社）。

日本国内では前述のように女系天皇による皇位継承が複数回にわたって検討される一方、保守派とされる勢力からの異論も強い。男系維持を可能にする方途として、終戦直後に離脱した旧宮家を皇族に復帰させ、その男子に継承権を与えるという案などが提起されている。また、女性皇族が旧宮家と結婚する可能性に期待する声もあるという（『毎日新聞』二〇一七年四月三十日）。

一方で、この問題に長く携わってきた元政府高官は、「現在の象徴天皇制は、国民皆が、この天皇、この皇室があってよかったと思うことによって支えられている。仮に男系の旧皇族を復帰させて即位させたとして、国民の多くが相応しくないと感じたとすれば、天皇制はそこで終わってしまう可能性が高い」と危惧を漏らす。

こうして見るならば、象徴天皇制の将来を左右する皇位継承、女系天皇の問題は、「天皇は、日本国の象徴であり日本国民統合の象徴であって、この地位は、主権の存する日本国民の総意に基く」という日本国憲法第一条に帰着することになるだろう。すなわち、どのような形の皇位継承と皇室の範囲が現代日本の「象徴」として相応しいのか、この論点に関わる「国民の総意」を形成する作業である。予期せぬ「譲位」によって実現した平成から次の時代への代替わりは、象徴天皇制に関わるこの核心的な論点を具体化し、前に進める上で、好機といえるのかもしれない。

日本史をつかむための百冊

◎古　代――倉本一宏選

（論点1）

寺沢薫『日本の歴史02　王権誕生』講談社学術文庫、二〇〇八年

王権成立へと至る列島の道程を、最新の考古学を基に、纏向遺跡の発掘調査に携わってきた著者が解き明かしている。初刊二〇〇〇年。

渡邉義浩『魏志倭人伝の謎を解く』中公新書、二〇一二年

『三国志』研究の第一人者が、当時のアジア情勢を踏まえて『魏志倭人伝』を検証し、邪馬台国の実像に迫っている。

（論点2）

近藤義郎『前方後円墳の時代』岩波書店、一九八三年

考古学から導き出された前方後円墳の成立の意義を倭王権の成立と関連づけ、列島における王権の成立を見事に描き出した名著。

白石太一郎『古墳とヤマト政権』文春新書、一九九九年

古墳の研究を通して日本列島の政治体制を解明していった書。古墳群と倭王権盟主墳との関連を推定している。

（論点3）

石母田正『日本の古代国家』岩波書店、一九八九年

日本古代国家成立と国際的契機を連動させて論じ、また律令国家における在地首長制論を解明した必読の書。初刊一九七一年。

吉川真司『飛鳥の都』岩波新書、二〇一一年

アジアの動乱のなかで中央集権国家「日本」へと変貌を遂げた激動の時代の実像を、最新の知見で描いた書。

市大樹『飛鳥の木簡』中公新書、二〇一二年

律令制成立期の木簡の解読によって、新たな史実を浮かび上がらせて大化改新論や律令制成立を描いたユニークな書。

倉本一宏『藤原氏――権力中枢の一族』中公新書、二〇一七年

鎌足・不比等に始まる藤原氏が、天皇家と一体化して権力中枢を占めつづけた経緯を、中世に至るまでたどった書。

（論点4）

岸俊男『藤原仲麻呂』吉川弘文館、一九六九年
藤原仲麻呂の生涯、特に天皇家との関わりを通して、律令国家の権力構造や社会を解明した、古典的人物論。
倉本一宏『持統女帝と皇位継承』吉川弘文館、二〇〇九年
六世紀から乙巳の変・壬申の乱などを分析して、皇位継承の実態を探り、持統「王朝」の成立過程を解明した書。
勝浦令子『孝謙・称徳天皇』ミネルヴァ書房、二〇一四年
「王権と仏教」「女性と仏教」という視点から、孝謙・称徳天皇の実像に迫った書。「道鏡事件」の実像も解明する。

(論点5)
土田直鎮『日本の歴史5　王朝の貴族』中公文庫、二〇〇四年
平安貴族の政治・社会・生活・思想を、古記録を駆使して鮮かに浮き彫りにした古典的名著。文庫版の解説も秀逸。初刊一九六五年。
坂本賞三『日本の歴史6　摂関時代』小学館、一九七四年
「王朝国家」の提唱者である著者が、複雑な徴税体制の変遷や受領制の成立をわかりやすく解説した書。
吉田孝『律令国家と古代の社会』岩波書店、一九八三年
中国律令制を受容した日本律令国家の本質に迫った論考を収めた論文集。日本古代史研究の精華と称すべき書。
古瀬奈津子『日本古代王権と儀式』吉川弘文館、一九九八年

儀式の機能を中国と比較し、奈良・平安時代の政治的機構とともに位置づけ、政治史の観点から捉えた書。

大津透『日本の歴史06　道長と宮廷社会』講談社学術文庫、二〇〇九年

宮廷を支えた古代国家のシステムを解明し、中国文明との交流のなかで宮廷貴族が生み出した日本古典文化を描いた書。初刊二〇〇一年。

（論点6）

石井進『日本中世国家史の研究』岩波書店、一九七〇年

古代国家末期の権力機構を継承した側面と、下からの自生的秩序の展開という側面とから複合的に中世国家を捉えた書。

元木泰雄『武士の成立』吉川弘文館、一九九四年

兵の家が地方支配の中心になるとともに、中央で武士政権が成立する過程を、職能・在地領主の両面から解明した好著。

高橋昌明『武士の成立　武士像の創出』東京大学出版会、一九九九年

武官系武士、武官系武士から軍事貴族へ、中世成立期における国家・社会と武力を考察し、武士の発生を見直した書。

下向井龍彦『日本の歴史07　武士の成長と院政』講談社学術文庫、二〇〇九年

武士の黎明から武家の棟梁の形成まで、古代から中世への過渡を、国家の軍事力編成という視点で描いた書。初刊二〇〇一年。

◎中　世――今谷明選

網野善彦『中世の非農業民と天皇』岩波書店、二〇〇八年

「網野善彦著作集」の一冊（第7巻）。初刊は一九八四年。封建社会の下で、天皇制がなぜ存続し得たのかを、地方の供御人《くごにん》と天皇の結びつきという視点で解明した独自の著作。

石井進『鎌倉幕府論』岩波書店、二〇〇四年

「石井進著作集」の一冊（第2巻）。国衙機構に対する支配を鎌倉幕府成立の徴証として重視し、治承四年十月に幕府が成立したと説く。

石母田正『中世的世界の形成』岩波文庫、一九八五年

初刊は一九四六年。東大寺の山林荘園、伊賀黒田庄（現・三重県名張市）を舞台に中世の人々の生活と闘争をいきいきと描写した評判の書。

今谷明『戦国期の室町幕府』講談社学術文庫、二〇〇六年

初刊は一九七五年。従来〝混迷の畿内〟と片付けられていた戦国期の京都と畿内の政治状況を、武家の発給文書を手がかりに解明する。

今谷明『室町の王権』中公新書、一九九〇年

三代将軍足利義満が南北朝合一の余勢を駆って宮廷革命を実施し、天皇の権威の簒奪を図って未遂に終わる次第を描く。

上横手雅敬『鎌倉時代政治史研究』吉川弘文館、一九九一年
承久の乱を中心に、平安末期から鎌倉中期にかけての公武両権力の分析と政治史の研究。
上横手雅敬『日本中世国家史論考』塙書房、一九九四年
建久元年の源頼朝による日本国総追捕使・総地頭の獲得を重視し、これを鎌倉幕府成立の徴証となす。
勝俣鎮夫『戦国法成立史論』東京大学出版会、一九七九年
戦国時代とはいかなる時代か、また戦国大名とはどういう存在かについて、初めて学問的に厳密に規定した研究書。
黒田俊雄『日本中世の国家と宗教』岩波オンデマンドブックス、二〇一三年
初刊は一九七五年。中世の主たる宗教は鎌倉新仏教でなく顕密の旧仏教であったとし、公家・寺社・武家の三者が鼎立した権門体制論を展開。
黒田俊雄『寺社勢力』岩波新書、一九八〇年
『日本中世の国家と宗教』の一般向け啓蒙書だが、そのエッセンスについて平泉澄『中世に於ける社寺と社会との関係』の影響が顕著であるという点で学界の見解は分かれる。
呉座勇一『応仁の乱』中公新書、二〇一六年
この戦乱の本質を守護畠山氏の分裂と大和の衆徒・国民の抗争にあるとして、近年の成果を踏まえて論じた雄篇。
佐藤進一『南北朝の動乱』中公文庫、二〇〇五年
初刊は一九六五年。両統の迭立から始まって後醍醐天皇の建武政府、次いで室町幕府の成立を説き起こし、複雑な内乱を整理して義満の統一までを論じた名作。

佐藤進一『日本中世史論集』岩波書店、一九九〇年
戦中出版の鎌倉幕府訴訟制度から始まり、武権政府としての鎌倉幕府論、足利尊氏と直義の権力の分析から封建制の二つの支配原理を説く。

清水三男『日本中世の村落』岩波文庫、一九九六年
戦中の力作（初刊は一九四二年）で、国民学術協会賞を受賞。推薦は柳田国男で、戦後の荘園研究に大きな影響を与えた。

永島福太郎『応仁の乱』至文堂、一九六八年
応仁の乱に関する最初のまとまった研究書。両畠山の分裂抗争と大和の衆徒・国民の向背を軸に、呉座勇一『応仁の乱』にも影響を与えている。

中田薫『法制史論集　第2巻』岩波書店、一九九四年
初刊は一九三八年。明治〜昭和期の法制史家による研究書で、特に日本における封建制と荘園制の始まりを平安中葉とした点は日本史家に絶大な影響があった。

服部英雄『蒙古襲来と神風』中公新書、二〇一七年
文永・弘安両役の根本史料を提示し、通説の誤りを鋭く指摘し、安易に『八幡愚童訓』に拠った研究を排撃している。

原勝郎『日本中世史』講談社学術文庫、一九七八年
初刊は一九〇六年。平安中期から戦国末期までを、西欧史に倣って〝中世〟と命名し、暗黒時代では決してなく、固有の価値ある時代と評価。

原勝郎『東山時代に於ける一縉紳の生活』中公クラシックス、二〇一一年

初刊は一九四一年。室町時代を日本のルネサンスと捉える著者が、公卿三条西実隆の学績と文化史上の役割を論じ、併せて応仁の乱後の世相も活写。

平泉澄『中世に於ける社寺と社会との関係』国書刊行会、一九八二年

初刊は一九二六年。日本中世は公家・寺社・武家の三大権門が鼎立して国家を形成したこと、特に寺社の役割を強調してアジール（避難地）を論じた。

◎近　世——大石学選

大石学『新しい江戸時代が見えてくる』吉川弘文館、二〇一四年

江戸時代を「封建制」ではなく「初期近代（アーリーモダン）」として捉える立場から、国家・社会の近現代に連続する諸要素に注目して論ずる。

藤木久志『豊臣平和令と戦国社会』東京大学出版会、一九八五年

豊臣秀吉による天下統一が、武力による戦国大名の圧伏ではなく、「惣無事令」とよばれる喧嘩停止令にもとづくものであり、中世社会にあった自力救済の論理を封じ、近世の「平和」を到来させたと意義づける。

笠谷和比古『主君「押込」の構造』講談社学術文庫、二〇〇六年

初刊は一九八八年。近世政治権力における将軍・藩主などの専制政治論を批判し、下級家臣にいたるまで、政治にかかわる権利を持ち、主君の行状が著しく不穏当な場合、家臣の権利行使である主君「押し込め」

が実行されると説く。

芳賀徹『文明としての徳川日本』筑摩選書、二〇一七年

初刊は一九九三年。比較史・文学史の視角から江戸時代を再評価し、長期にわたる「平和」を「Pax Romana（パクス・ロマーナ）」になぞらえ「（Pax Tokugawana（パクス・トクガワーナ）」と名づけ、世界史とのかかわりに配慮しつつ、文明史的考察を行う。

大石学『首都江戸の誕生』角川選書、二〇〇二年

江戸時代の首都を京都ではなく江戸と規定する。「首都」の定義を確認し、グローバルスタンダードをもとに江戸の機能と性格を検討すると江戸時代の首都は京都ではなく江戸であると論ずる。

大石学『江戸の外交戦略』角川選書、二〇〇九年

「鎖国」とよばれる近世日本の外交体制を、一六世紀のスペイン・ポルトガル・イギリス・オランダによる第一次グローバリゼーションと、一九世紀の欧米諸国による第二次グローバリゼーションに挟まれた国民国家形成過程の国家による国民管理システムと規定する。

荒野泰典『近世日本と東アジア』東京大学出版会、一九八八年

従来の「鎖国論」を批判し、日本の「海禁」を「日本型華夷意識」にもとづくものとし、中国・朝鮮の東アジアに共通する出入国管理体制と提起する。

大石慎三郎『元禄時代』岩波新書、一九七〇年

五代将軍綱吉の元禄時代を、江戸前期の経済発展をうけ、農民的剰余をもとにした貨幣改鋳による通貨量の増大、質地による土地移動の公認など、封建社会から近代社会への転換期として意義付ける。

塚本学『生類をめぐる政治』平凡社ライブラリー、一九九三年

初刊は一九八三年。五代将軍綱吉の時代を特色づける生類憐みの令は、従来悪法として知られていたが、諸国鉄砲改との関係から、日本中の在村鉄砲を調査し、人を含むすべての生類を、将軍庇護下・管理下に置こうとする政策と意義付ける。

竹内誠『江戸と大坂』小学館ライブラリー、一九九三年

初刊は一九八九年。「大系日本の歴史」の一冊（第10巻）。元禄時代から田沼時代にかけての一世紀を、「都市の時代」として特徴づけ、江戸を中心とする関東、大坂・京都を中心とする関西を比較しつつ、政治・経済・社会・文化の展開を論ずる。

大石学『吉宗と享保の改革』東京堂出版、一九九五年

八代将軍吉宗が展開した享保の改革を、国家政策・公共政策の視点から分析し、「大きな政府」を目指す政治改革であったことを指摘する。とくに、改革の推進勢力である官僚制に注目し、法と公文書システムが飛躍的に整備されたことを論ずる。

大石学編『享保改革と社会変容』吉川弘文館、二〇〇三年

「日本の時代史」の一冊（第16巻）。一八世紀、八代将軍吉宗の享保改革と、これに続く田沼意次の政治を近世国家・社会の転換点とする立場から、国家支配・行政システムの合理化・客観化、成熟化する社会の実態を意義付ける論稿などを収める。

西山松之助編『江戸町人の研究』1〜6、吉川弘文館、一九七二〜二〇〇六年

近世都市江戸の発展を、政治・経済・社会・文化の諸側面から具体的・実証的に解明した共同研究の成果。

深谷克己『士農工商の世』小学館ライブラリー、一九九三年

初刊は一九八八年。「大系日本の歴史」の一冊（第9巻）江戸時代を小家族の持続、士農工商の家職遂行にもとづく日本型民間社会の成立・展開として位置付け、職分論から身分論への展開を論ずる。

大石学『江戸の教育力』東京学芸大学出版会、二〇〇七年

江戸時代二五〇年の「平和」が、幕府・藩校、郷校・私塾、手習い（寺子屋）という、身分・地域の違いをこえた、さまざまな教育機関によって基礎から支えられていたことを論ずる。

尾藤正英『江戸時代とはなにか』岩波書店、二〇〇六年

初刊は一九九二年。近世・近代連続論の視角から、近世を日本的近代、明治以降を西洋化された近代とし、近世社会は「役」の体系にもとづく「家」の成立と、神道・仏教・民俗宗教が統一された「国民的宗教」が成立した時期と規定する。

大石学『新選組』中公新書、二〇〇四年

「ラスト・サムライ」のイメージで語られてきた新選組のもつ近代性を組織・軍事・生活などの側面から明らかにすることにより、倒幕派＝先進地域、佐幕派＝後進地域という枠組みを否定する。

藤田覚『幕末の天皇』講談社学術文庫、二〇一三年

初刊は一九九四年。近世後期から幕末期の政治史上の特徴である天皇権威・権力の浮上について、光格・孝明両天皇の事績を明らかにし、権力の正統性に留意しつつ、大政委任論、通商条約、尊攘運動などの過程を説明する。

大石学『近世日本の勝者と敗者』吉川弘文館、二〇一五年

「敗者の日本史」の一冊（第16巻）。近世二六五年を対象に、「平和」と秩序の成立と抵抗、文治政治の発展と異議申し立て、幕末の政治・軍事抗争という過程を、人物に焦点をあて、「勝者」と「敗者」という視点から論ずる。

渡辺京二『逝きし世の面影』平凡社ライブラリー、二〇〇五年
初刊は一九九八年。近世における来日外国人の史料を博捜し、明治維新以前の「失われた文明」の実態を描くが、江戸時代を「古き良き時代」と、近代と断絶した時代と捉える視点は、私の「初期近代」の視点とは異なる。

◎近　代——清水唯一朗選

三谷太一郎『日本の近代とは何であったか』岩波新書、二〇一七年
政党政治、資本主義、植民地帝国、天皇制という四つの視角から日本の近代を捉え、現在に至る問題の構造を析出する。碩学が一〇年の歳月を注ぎ込んだ一冊は、読む者を引き込み、問題の本質へといざなう。

升味準之輔『日本政党史論　新装版』一〜七、東京大学出版会、二〇一一年
政党史と名付けられているが、政治学の理論に依拠した政治史である。近代全般をカバーする大著であるが、軽妙な語り口と多くの資料引用により近代史研究を志す者を魅了する。関心のある時代を手に取ってみてもいいだろう。初刊は一九六五〜八〇年。

アンドルー・ゴードン『日本の200年　新版』上下、みすず書房、二〇一三年
アメリカを代表する日本近代史研究者によるバランスの取れた通史。西欧化と近代化に日本がどう向き合ったかを、労働経済学を専門とする著者ならではの幅広い視野で論じる。新版では近年の研究もフォローされている。初刊は二〇〇六年。

河野有理編『近代日本政治思想史』ナカニシヤ出版、二〇一四年

江戸期の国学から戦後のデモクラシーまで、近代日本で生まれた論争的な関係に立つ思想家をセットで取り上げ、論争の多面性を描き出す。それぞれの論文が個性的でありながら、思想と言論への愛情に溢れている。

成田龍一『近現代日本史と歴史学』中公新書、二〇一二年

「書き替えられてきた過去」という副題が示すように、移り行く「現代」と歴史の関係から近現代日本史を捉えなおす。社会経済史、民衆史、社会史を軸に、古典的研究を含めた読書案内ともなっている。

井上勲『王政復古』中公新書、一九九一年

幕末維新期の躍動感をそのままに、多くの資料に依拠しながら詳細に過程追跡を行っている。英傑伝に飽きてきた高校生で、本書を手にして日本近代史に惹かれた方も多いだろう。筆者がそのひとりである。

松沢裕作『町村合併から生まれた日本近代』講談社選書メチエ、二〇一三年

明治期における地方行政の形成を、地縁や血縁で結びついた江戸時代の共同体が崩壊し、地方自治体に再編成される過程と捉え、国民国家形成のプロセスの合理性と非合理性を論じる。

遠藤正敬『戸籍と無戸籍』人文書院、二〇一七年

本文では小熊『〈日本人〉の境界』、塩出『越境者の政治史』から日本人の外的な広がりを考える研究を紹介したが、こちらは国内における「日本人とはなにか」という問いを無戸籍者の歴史に焦点を当てて考察する。

前田亮介『全国政治の始動』東京大学出版会、二〇一六年

帝国議会の開設にはじまる全国規模の利害調整に焦点を当て、中央—地方の政治空間が創出される過程を政党政治への道程として描く。御厨貴『明治国家をつくる』（藤原書店、二〇〇七年）の議論を発展的に継承している。

川島真、服部龍二編『東アジア国際政治史』名古屋大学出版会、二〇〇七年

近代日本の政治外交を考えようとすると、東アジアの関係全般を俯瞰することは避けて通れない。華夷秩序、旧外交から新外交の時代に至る東アジア国際政治の変動が包括的に論じられている。

三谷太一郎『日本政党政治の形成　増補』東京大学出版会、一九九五年

原敬の政治指導と利益誘導を軸に、立憲政友会が政権政党となるまでの過程を論じる。必読文献として知られる「政党内閣期の条件」（中村隆英、伊藤隆編『近代日本研究入門　増補版　新装版』東京大学出版会、二〇一二年）と併読したい。初刊は一九六七年。

杉本仁『選挙の民俗誌』梟社、二〇〇七年

大正期に浸透した政党政治、普通選挙であるが、そこには腐敗の構造がつきまとう。その構造を民俗学の手法を用いて解き明かし、政治的倫理とムラの正義が異なることを描き出す、オリジナリティに溢れた一冊。

森靖夫『日本陸軍と日中戦争への道』ミネルヴァ書房、二〇一〇年

軍部の独走という日本陸軍研究の「神話」に対して、構造的に陸軍の組織に迫り、統制不能の理由を探る。法制史の成果である荒邦啓介『明治憲法における「国務」と「統帥」』（成文堂、二〇一七年）と併読したい。

駒込武『植民地帝国日本の文化統合』岩波書店、一九九六年

台湾、朝鮮、満洲国、華北における同化政策の展開を、中国、日本、近代的価値観、多民族、アジア主義と方針が進化する過程をトレースし、日本型文化支配の構想の構築と自壊の過程を描き出す。

橋本毅彦、栗山茂久編著『遅刻の誕生』三元社、二〇〇一年

近代化を象徴する時間の観念がどう日本社会に浸透したのかを、鉄道、工場、学校における時間規律の導入から明らかにしたもの。とりわけ第一次世界大戦後の変化が大きかったことを教えてくれる。

有馬学『日本の歴史23　帝国の昭和』講談社学術文庫、二〇一〇年

昭和戦前の日本は敗戦に向けて直線的に進んでいたわけではないという視点から、「モダン」と「戦争」の二重構造で戦時を論じる。戦争が「あたり前」の日常から拡大していったことが生々しく腑に落ちていく。初刊は二〇〇二年。

源川真希『近現代日本の地域政治構造』日本経済評論社、二〇〇一年

都市と農村、それぞれの地域において生まれた民衆の政治参加要求がデモクラシーの促進ではなく、議会制デモクラシーの解体につながったと説く。戦前から戦後への議論の架橋が示唆的になされている。

米山忠寛『昭和立憲制の再建　1932〜1945年』千倉書房、二〇一五年

政党内閣が途絶えたあと、どのように国内の統合が進められ、戦後につながるのかを　構造的に描き出す。官田光史『戦時期日本の翼賛政治』（吉川弘文館、二〇一六年）とともに、戦時政治のイメージを一変させる。

ジョン・ダワー『容赦なき戦争』平凡社ライブラリー、二〇〇一年

戦時プロパガンダのありようを相互イメージの構築から論じる。日本国内の様相を扱う玉井清編著『「写真週報」とその時代』上下（慶應義塾大学出版会、二〇一七年）と対比しながら読みたい。

加藤聖文『「大日本帝国」崩壊』中公新書、二〇〇九年

敗戦の日、八月十五日を起点に日本、朝鮮、台湾、満洲、樺太、南洋群島を捉えることで、「大日本帝国とは何だったのか」という問いに向き合う。東アジアの現在に至る示唆に富む一冊。

◎現　代――宮城大蔵選

ジョン・ダワー『敗北を抱きしめて　増補版』上下、岩波書店、二〇〇四年
アメリカ人歴史家によるピューリッツァー賞受賞作。政府や政治家のみならず、一般民衆にも力点をおいて、日本人にとっての占領体験を多面的かつドラマティックに描き出す。初刊は二〇〇一年。

細谷千博『サンフランシスコ講和への道』中央公論社、一九八四年
戦後を代表する外交史家が、米英の資料を駆使してサンフランシスコ講和に至る国際政治の展開を解き明かす。イギリスの視点が加わることで、立体的な歴史像となっている。

福永文夫『日本占領史1945-1952』中公新書、二〇一四年
「東京・ワシントン・沖縄」というサブタイトルのように、「平和国家」と「親米反共」という占領の二つの顔、そして本土と沖縄という「二つの占領」から歴史を再構築する。

波多野澄雄『国家と歴史』中公新書、二〇一一年
東京裁判から歴史教科書問題、靖国神社参拝問題と連なる歴史認識問題は、日本国内における戦後補償など、国の内外にまたがる問題であったことを緻密な筆致で浮き彫りにする。

伊藤昌哉『池田勇人とその時代』朝日文庫、一九八五年

「所得倍増」で高度成長時代を演出した池田勇人首相の秘書官による手記。一つの時代が形作られていく様を追体験できる戦後政治史における名著の一つ。

井上正也『日中国交正常化の政治史』名古屋大学出版会、二〇一〇年

日中国交正常化についての本格的学術書。自民党内における親中派、親台派の対立も重なって、この問題が戦後政治における一大課題であったことが詳細に記述される。

屋良朝苗『一条の光』上下、琉球新報社、二〇一五年

琉球政府主席として沖縄返還の実現に取り組んだ屋良朝苗の日記。革新系でありながら「祖国復帰」に向けて佐藤栄作首相と手を携える一方、広大な米軍基地が残ることになったことへの苦悩がにじむ。

原彬久編『岸信介証言録』中公文庫、二〇一四年

満州国で辣腕を振るい、A級戦犯容疑者から首相へと、「昭和の妖怪」と呼ばれた岸が縦横無尽に来し方を語る。多岐にわたる政治外交の洞察も示唆に富む。初刊は二〇〇三年。

北岡伸一『自民党』中公文庫、二〇〇八年

保守合同によって一九五五年に誕生した自民党の通史。歴史的叙述と分析的記述を両立し、「保守本流」の核心は、対米協調路線にあったと説く。初刊は一九九五年。

渡邉昭夫『日本の近代8　大国日本のゆらぎ』中公文庫、二〇一四年

日本が経済大国としての地位を確かなものとする一方、米中接近や石油危機で国際秩序が揺らいだ一九七〇年代を、政治経済のみならず、世相の変遷も含めて彩り豊かに描き出す。初刊は二〇〇〇年。

後藤田正晴『情と理』上下、講談社＋α文庫、二〇〇六年

警察官僚出身で中曽根康弘政権の官房長官をつとめ、「カミソリ」の異名で隠然たる影響力を持った人物の回顧。昨今では一般化した「オーラル・ヒストリー」(要人への聞き取り)のはしりとなった本でもある。初刊は一九九八年。

坂本義和『人間と国家』上下、岩波新書、二〇一一年

戦後日本の知的世界で大きな影響力を持ったリベラル派知識人の代表格による回顧。戦争体験の影や大学紛争、冷戦やアジアとの関係など、往時の世界観が率直な語りによって再現される。

中村隆英『昭和史』下、東洋経済新報社、二〇一二年

日本経済史の泰斗による通史の戦後編。平易な筆致で経済のみならず政治面も丁寧に記述する。昭和期の戦前と戦後で経済と社会は大きく変化したものの、利益政治や官僚制は変わっていないと結論づける。初刊は一九九三年。

青木保『「日本文化論」の変容』中公文庫、一九九九年

日本文化はどこまで特殊でどこまで普遍なのか。戦後直後の否定的な日本特殊論から、経済大国化とともに自己肯定へ、さらに国際化の時代へと変遷を遂げる「日本文化論」の軌跡をたどる。初刊は一九九〇年。

魚住昭『野中広務　差別と権力』講談社文庫、二〇〇六年

自自公連立を実現に持ち込むなど、九〇年代の日本政治で「陰の総理」と呼ばれた実力者・野中広務の歩みを迫真の取材で追い、「平和」と「平等」を志向した戦後と、その終焉を浮かび上がらせるノンフィクション。初刊は二〇〇四年。

宮城大蔵『現代日本外交史』中公新書、二〇一六年

海部俊樹政権から第二次安倍政権まで一六の政権を現代史として捉え、冷戦後の安全保障環境の流動化、地域主義の台頭といった国際情勢が、外交のみならず日本政治を変容させたことを指摘する。

清水真人『平成デモクラシー史』ちくま新書、二〇一八年

小選挙区制度や政党交付金の導入、首相官邸の機能強化といった平成の統治機構改革とその影響を軸に、「小泉劇場」、民主党政権、「安倍一強」など平成政治史の諸局面を意味づける。

永野健二『バブル』新潮社、二〇一六年

敏腕の経済記者が、バブル期に続出した巨額のカネにまみれた怪事件の真相を詳らかにしていく。その筆致は大蔵省や名門銀行の深奥に及び、日本経済迷走の原点を白日の下に晒すがごとくである。

毎日新聞政治部『琉球の星条旗』講談社、二〇一〇年

民主党・鳩山由紀夫政権にとって致命傷となった米軍普天間・辺野古基地移設問題の実相に迫る。政権交代と外交選択の幅、外交指導の可能性と制約要因など、さまざまな論点を読み取ることができる。

東京財団政治外交検証研究会他編『戦後日本の歴史認識』東京大学出版会、二〇一七年

戦争の総括が焦点となった吉田茂の時代、高度成長と歴史認識の変化、歴史認識が近隣諸国と政治問題化し始めた中曽根康弘政権時、と戦後日本の歴史認識自体が変容してきたことを跡づける。

執筆者紹介

倉本一宏（くらもと・かずひろ）

1958年生まれ．国際日本文化研究センター教授．著書に『蘇我氏――古代豪族の興亡』（中公新書，2015年），『藤原氏――権力中枢の一族』（中公新書，2017年）など．

今 谷 明（いまたに・あきら）

1942年生まれ．帝京大学特任教授．国際日本文化研究センター名誉教授．著書に『室町幕府解体過程の研究』（岩波書店，1985年），『室町の王権』（中公新書，1990年）など．

大 石 学（おおいし・まなぶ）

1953年生まれ．東京学芸大学教授．著書に『新選組』（中公新書，2004年），『江戸の教育力』（東京学芸大学出版会，2007年）など．

清水唯一朗（しみず・ゆいちろう）

1974年生まれ．慶應義塾大学教授．著書に『政党と官僚の近代』（藤原書店，2007年），『近代日本の官僚』（中公新書，2013年）など．

宮城大蔵（みやぎ・たいぞう）

1968年生まれ．上智大学教授．著書に『戦後アジア秩序の模索と日本』（創文社，2004年），『現代日本外交史』（中公新書，2016年）など．

日本《にほん》史《し》の論点《ろんてん》
中公新書 *2500*

2018年 8 月25日発行

定価はカバーに表示してあります.
落丁本・乱丁本はお手数ですが小社販売部宛にお送りください. 送料小社負担にてお取り替えいたします.

編　者　中公新書編集部
発行者　松 田 陽 三

本文印刷　三 晃 印 刷
カバー印刷　大熊整美堂
製　　本　小 泉 製 本

発行所　中央公論新社
〒100-8152
東京都千代田区大手町 1-7-1
電話　販売 03-5299-1730
　　　編集 03-5299-1830
URL http://www.chuko.co.jp/

Published by CHUOKORON-SHINSHA, INC.
Printed in Japan　ISBN978-4-12-102500-5 C1221

中公新書刊行のことば

いまからちょうど五世紀まえ、グーテンベルクが近代印刷術を発明したとき、書物の大量生産は潜在的可能性を獲得し、いまからちょうど一世紀まえ、世界のおもな文明国で義務教育制度が採用されたとき、書物の大量需要の潜在性が形成された。この二つの潜在性がはげしく現実化したのが現代である。

いまや、書物によって視野を拡大し、変りゆく世界に豊かに対応しようとする強い要求を私たちは抑えることができない。この要求にこたえる義務を、今日の書物は背負っている。だが、その義務は、たんに専門的知識の通俗化をはかることによって果たされるものでもなく、通俗的好奇心にうったえて、いたずらに発行部数の巨大さを誇ることによって果たされるものでもない。現代を真摯に生きようとする読者に、真に知るに価いする知識だけを選びだして提供すること、これが中公新書の最大の目標である。

私たちは、知識として錯覚しているものによってしばしば動かされ、裏切られる。私たちは、作為によってあたえられた知識のうえに生きることがあまりに多く、ゆるぎない事実を通して思索することがあまりにすくない。中公新書が、その一貫した特色として自らに課すものは、この事実のみの持つ無条件の説得力を発揮させることである。現代にあらたな意味を投げかけるべく待機している過去の歴史的事実もまた、中公新書によって数多く発掘されるであろう。

中公新書は、現代を自らの眼で見つめようとする、逞しい知的な読者の活力となることを欲している。

一九六二年一一月

中公新書

日本史

d1

2189 歴史の愉しみ方　磯田道史
2455 日本史の内幕　磯田道史
2295 天災から日本史を読みなおす　磯田道史
2389 通貨の日本史　高木久史
2321 道路の日本史　武部健一
2494 温泉の日本史　石川理夫
2299 日本史の森をゆく　東京大学史料編纂所編
1617 歴代天皇総覧　笠原英彦
2302 日本人にとって聖なるものとは何か　上野誠
1928 物語 京都の歴史　脇田修 脇田晴子
2345 京都の神社と祭り　本多健一
482 倭国　岡田英弘
147 騎馬民族国家（改版）　江上波夫
2164 魏志倭人伝の謎を解く　渡邉義浩
1085 古代朝鮮と倭族　鳥越憲三郎

2470 倭の五王　河内春人
2462 大嘗祭―天皇制と日本文化の源流　工藤隆
1878 古事記の起源　工藤隆
2157 古事記誕生　工藤隆
2095 『古事記』神話の謎を解く　西條勉
804 蝦夷《えみし》　高橋崇
1041 蝦夷《えみし》の末裔　高橋崇
1622 奥州藤原氏　高橋崇
1293 壬申の乱　遠山美都男
1568 天皇誕生　遠山美都男
1779 伊勢神宮―東アジアのアマテラス　千田稔
2371 カラー版 古代飛鳥を歩く　千田稔
2168 飛鳥の木簡―古代史の新たな解明　市大樹
2353 蘇我氏―古代豪族の興亡　倉本一宏
2464 藤原氏―権力中枢の一族　倉本一宏
291 神々の体系　上山春平
2362 六国史《りっこくし》―日本書紀に始まる古代の「正史」　遠藤慶太

1502 日本書紀の謎を解く　森博達
1802 古代出雲への旅　関和彦
2457 光明皇后　瀧浪貞子
1967 正倉院　杉本一樹
2054 正倉院文書の世界　丸山裕美子
2452 斎宮―伊勢斎王たちの生きた古代史　榎村寛之
2441 大伴家持　藤井一二
1240 平安朝の女と男　服藤早苗
1867 院政　美川圭
2281 怨霊とは何か　山田雄司
2127 河内源氏　元木泰雄
2500 日本史の論点　中公新書編集部編

中公新書

日本史

d2

608/613 中世の風景（上下） 阿部謹也・網野善彦・石井進・樺山紘一
1503 古文書返却の旅 網野善彦
1392 中世都市鎌倉を歩く 松尾剛次
2336 源頼政と木曽義仲 永井晋
2461 蒙古襲来と神風 服部英雄
1521 後醍醐天皇 森茂暁
2463 兼好法師 小川剛生
776 室町時代 脇田晴子
2443 観応《かんのう》の擾乱《じょうらん》 亀田俊和
2179 足利義満 小川剛生
978 室町の王権 今谷明
2401 応仁の乱 呉座勇一
2058 日本神判史 清水克行
2139 贈与の歴史学 桜井英治
2343 戦国武将の実力 小和田哲男

2084 戦国武将の手紙を読む 小和田哲男
2350 戦国大名の正体 鍛代敏雄
1625 織田信長合戦全録 谷口克広
1782 信長軍の司令官 谷口克広
1907 信長と消えた家臣たち 谷口克広
1453 信長の親衛隊 谷口克広
2421 織田信長の家臣団―派閥と人間関係 和田裕弘
784 豊臣秀吉 小和田哲男
2146 秀吉と海賊大名 藤田達生
2265 天下統一 藤田達生
2241 黒田官兵衛 諏訪勝則
2372 後藤又兵衛 福田千鶴
2357 古田織部 諏訪勝則
642 関ヶ原合戦 二木謙一
711 大坂の陣 二木謙一
2481 戦国日本と大航海時代 平川新
2503 信長公記―戦国覇者の一級史料 和田裕弘

中公新書

日本史

d3

中公新書

日本史

d4

2107 近現代日本を史料で読む　御厨　貴編
190 大久保利通　毛利敏彦
2011 皇　族　小田部雄次
1836 華　族　小田部雄次
2379 元老―真の指導者たち 近代日本の　伊藤之雄
2492 帝国議会―誕生までの格闘 西洋の衝撃から　久保田　哲
840 江藤新平（増訂版）　毛利敏彦
2051 伊藤博文　瀧井一博
2103 谷　干城　小林和幸
2212 近代日本の官僚　清水唯一朗
2294 明治維新と幕臣　門松秀樹
2483 明治の技術官僚　柏原宏紀
561 明治六年政変　毛利敏彦
1927 西南戦争　小川原正道
1584 東北―つくられた異境　河西英通
2320 沖縄の殿様　高橋義夫
252 ある明治人の記録（改版）　石光真人編著
161 秩父事件　井上幸治
2270 日清戦争　大谷　正
1792 日露戦争史　横手慎二
2141 小村寿太郎　片山慶隆
881 後藤新平　北岡伸一
2393 シベリア出兵　麻田雅文
2269 日本鉄道史 幕末・明治篇　老川慶喜
2358 日本鉄道史 大正・昭和戦前篇　老川慶喜
2312 鉄道技術の日本史　小島英俊

中公新書

世界史

中公新書

現代史

f1

- 2105 昭和天皇　古川隆久
- 2309 朝鮮王公族―帝国日本の準皇族　新城道彦
- 2482 日本統治下の朝鮮　木村光彦
- 765 日本の参謀本部　大江志乃夫
- 632 海軍と日本　池田清
- 2192 政友会と民政党　井上寿一
- 377 満州事変　臼井勝美
- 1138 キメラ―満洲国の肖像（増補版）　山室信一
- 2348 日本陸軍とモンゴル　楊海英
- 1232 軍国日本の興亡　猪木正道
- 2144 昭和陸軍の軌跡　川田稔
- 76 二・二六事件（増補改版）　高橋正衛
- 2059 外務省革新派　戸部良一
- 1951 広田弘毅　服部龍二
- 1532 新版 日中戦争　臼井勝美
- 795 南京事件（増補版）　秦郁彦
- 84 90 太平洋戦争（上下）　児島襄
- 2465 日本軍兵士―アジア・太平洋戦争の現実　吉田裕
- 2387 戦艦武蔵　一ノ瀬俊也
- 2337 特攻―戦争と日本人　栗原俊雄
- 244 248 東京裁判（上下）　児島襄
- 2015 「大日本帝国」崩壊　加藤聖文
- 2296 日本占領史 1945-1952　福永文夫
- 2175 残留日本兵　林英一
- 2411 シベリア抑留　富田武
- 2471 戦前日本のポピュリズム　筒井清忠
- 2171 治安維持法　中澤俊輔
- 1759 言論統制　佐藤卓己
- 828 清沢《きよさわ》洌《きよし》（増補版）　北岡伸一
- 1711 徳富蘇峰　米原謙
- 1243 石橋湛山　増田弘

中公新書

現代史

f3